# 「ジブリワールド」構想

## ～宮崎駿の世界を日本の未来へつなぐ～

子供たちが描く
【ジブリワールドマップ】

＊本来ならばオリジナルのイラストでご紹介すべきですが、著作権問題があるため、子供たちが考える「あったらいいな」ジブリワールドマップを作成させていただきました。

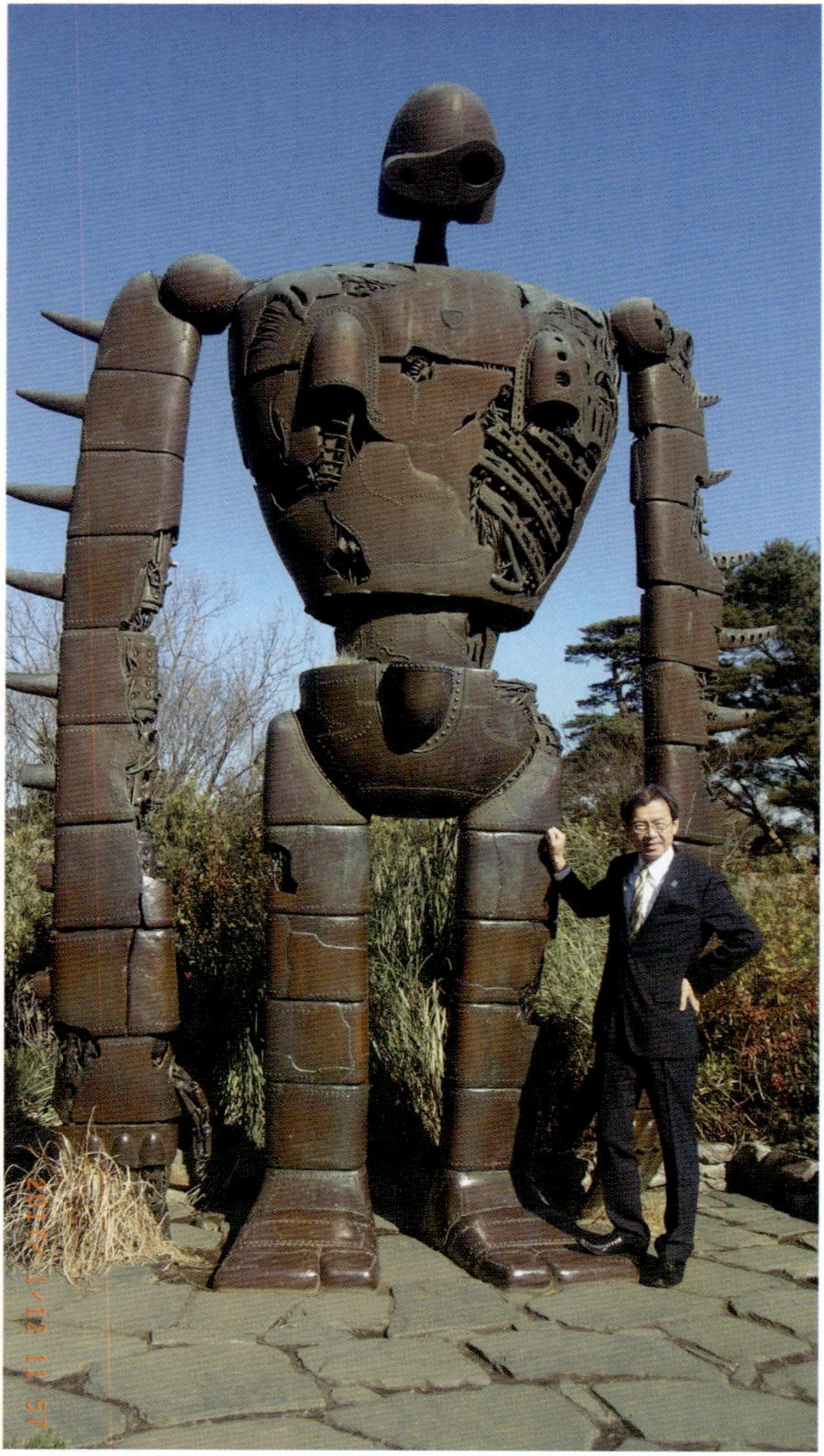

# 「ジブリワールド」構想

## 宮﨑駿の世界を《日本の未来》につなぐ

My Vision for a Ghibli World

## 本書を推薦します――安倍昭恵

ジブリワールド構想を、大変素晴らしいアイデアだと思います。その壮大さにワクワクします。そして、秋葉先生がこれほどまでに熱い想いをお持ちになっていることに、驚きました。きっと世界に誇れる日本独自のテーマパークになるでしょう。日本各地から、世界各国からも人々が訪れ、東北全体が盛り上がって復興に繋がっていくと思います。

ジブリワールドは、仙台をはじめとする東北に造ることにこそ意味があります。大震災からの復興の途上にある地であること、そして豊かな自然を持ち、自然と共生している地であるからです。

私は常々、人間は自然の一部だと思っています。ゆえに、子どもの頃から自然に親しみ、自然の大切さを、遊びながら学んで身に付けていける場があれば、日本の役割や存在感が一層上がってくるのではないかと考えます。

さらに、一神教ではなく、八百万神《やおよろずのかみ》のような精神が世界に伝わっていくと、自然のどこにでも神様がいて、人や物ごとなど、すべてを大事にしなければいけないということを、みんなにわかってもらうことができ、それが平和につながっていくのだと思います。

本文中に〝縄文〟という言葉がありましたが、縄文の平和な時代こそが、これから私たちが求めていく一つの形なのだと思います。

自然と共生し、平和な時代や場所、精神を人間としてしっかり理解できないと、地球が終わってしまうのではないかという危機感を感じています。

東京・三鷹市にあるジブリ美術館は、日本はもちろん、海外からの関心も高いことからわかるように、多くの人々が求めている場所なのでしょう。

だからこそ、宮﨑駿先生の作品やジブリワールドが、日本の元々の精神性、すなわち昔から日本人が持っていた、豊かな自然を取り入れた暮らしや、家族や仲間を大切に思う心などを、もう一度呼び覚ますような場所になっていったらよいのだと思います。

ジブリワールドが、ただのテーマパークだけではなく、本物の自然の中で実体験ができることと、この構想に大勢の人の様々な意見が集まったら、きっととてつもなく楽しい世界ができあがるのではないかと思います。

これからの展開に大いに期待しています。

## プロローグ
# 「未来」をつくらなくていいんだろうか？

1章

# 「ジブリワールド」構想

## 1 「ジブリワールド」は世界の宝物

## 2 テーマパーク成功の条件

## 3 テーマパークの効果と勝算



## 2章 「ジブリワールド」の具体的アイデア

## 作品別のアトラクション

## 3章 文化を支援する政治でありたい！

プロローグ

# 「未来」をつくらなくていいんだろうか？

## なぜ多くの大人たちが、子どもにもジブリの世界観を推薦したくなるのか

「木の枝にぶら下がっている時の枝が折れるか折れないかの危うさ」

吉本ばななさんとの対談の中で、宮﨑駿監督は「体で感じる世界」のことをそんな例を挙げながら語っていました。

私もその感覚はよく分かります。たしか、何年か前のＮＨＫの番組でした。あの時の風が顔や腕をすりぬけていきます。子どもの頃の記憶もよみがえってきます。手はしびれている。「でも、まだガマンできるぞ！」。いまならば、小学生の自分を応援してしまいます。

宮﨑監督や私だけでなく、多くの方がそんな追憶に浸ることができるのは、なぜでしょう？

もっと言えば、日本人だけではないかもしれません。外国の人にもこの感覚はあるだろうと想像します。

おそらく、体が大自然の中に居場所を見つけていた時代の体験とは、そういうも

のだろうと思います。五感が大自然と接していた、と言っていいかもしれません。五感が大自然への扉だった、と言えば私には不似合いな詩的な表現になりますが、でも、そう言いたくなるのです。

そして、この大自然と自分とがひとつの「ワールド」だと感じていたことを細胞が記憶していて、大人になっていくにつれて閉じてしまっていたその細胞が、ジブリ作品によって再び開かれていくのではないでしょうか。だから多くの大人たちがジブリ作品を観て、子どもにもジブリの世界観を推薦したくなるのだと思います。

なぜなら、それはとても大事なことなのだけれど、言葉では伝えるのがとてもむずかしいことだからです。

木にぶら下がっている時の足元に何もないあの不安定さ。手は必死にしがみつきながらも握力が弱まっていく。もう力が入らない。細い枝が徐々にしなっていく。恐怖感。あと何秒もちこたえてくれるのか。ヤバい！　どうしよう！

そうした緊迫感を子どもに言葉で伝えられる大人がどれだけいるでしょうか。説明しようとすればするほど実際の感覚とズレていくのは目に見えています。仮に伝えられたとしても、それが自分にとってどのように大切に仕舞い込まれるべきものなのか、実体験する以外に分からないことです。

だから、宮崎監督はアニメーションという手法を選んだのだと私は考えます。

## 自覚させられる生命のネットワーク

ジブリアニメを、大人たちが昔の自分を動画で見ているかのような錯覚に陥る瞬間、子どもたちは子どもたちで特有の感覚をビリビリと感じながら食い入るように見つめています。現代にあってはとても稀有な、そんな親と子が共有できるものがジブリのアニメーションなのです。

宮崎作品は、人が生きることを人間の中でだけ考えるように仕向けません。生きることは、あらゆる生き物の間における行為であることを改めて問いかけてきます。しかも、誰にも共通して細胞に刻み込まれた感覚を揺り動かしながら。

生きるということが、決して文明的な観点だけをいうのではないのだと知らされ、生命のネットワークのようなものを自覚させられるのは、なぜだかとても心地よいのです。

もしかしたら、それはとても日本的な感受性なのかもしれませんが、宮崎作品が世界中で絶賛されていることを考えれば、あながち民族的な特殊性ではなく、人間ならではの根源的な感受性と言えるかもしれません。

ところが、現代社会では木に登るということだけでも困難になっています。都会の子どもに限りません。細胞レベルで自然界から感知していく貴重な機会が過剰な安全意識によって奪われています。

そして、そうした規制が強まると人間には自分に適した場所ではないという無意識が働き始め、そこから離れていきます。一本の木も、総じて自然そのものが、子どもたちの居場所ではなくなっているとしたら、それは大人の責任です。

私も一人の大人として、子どもたちの未来を願わずにはいられません。

では、自分にできることはなんだろう？　そう考えた時に、未来を丁寧に生きるための人間性の育みを、ジブリ作品の持つ世界観や生命観に託すことができるのではないかと思うようになりました。そのような未来への目標を示していくこと、そのための源泉をバックアップするのが政治なのではないかとも思うのです。

## 日本が抱える多くのテーマと繋がりがあるポテンシャル

宮崎監督やその作品について改めて私が語るなどということは、ジブリファンからは厚顔無恥のそしりを免れませんが、ジブリ作品について詳しくない方にもこの本はぜひ読んでいただきたいと願っていますので、私的な捉え方を記させていただくことをどうかお許し願いたいと思います。

と言うのは、私にはジブリ作品は、子育て、教育、文化、地域創成、外国との交流、観光、アミューズメント、産業の開発、国益、といった日本が抱える多くのテーマと繋がりあえるポテンシャルを秘めたものだと見えるからです。未来の救世主になり得るものとしてジブリ作品を捉えているからです。政治の世界への直言として申し上げるなら、国民の暮らしと国益とを論じる政治にその視点が欠けていることに早く気がついてほしい。

もはや日本のアニメーション全体が、ヨーロッパやアメリカ、アジア諸国など海外からも高く評価されており、世界中に広まっていることは誰もがご存知のことです。日本のアニメーションは、子どものものではなく大人からも愛されるほどの訴求力を持っています。

つまり、戦後から日本が歩んできた「製品」というハードの輸出に加えて、「文化」というソフトの輸出を自信を持って推進していく時が来ていることを、日本アニメーションの世界評価が教えてくれているのです。

## 東北地方のアイデンティティとも根底で共通する死生観

二〇〇一年に公開された『千と千尋の神隠し』が二〇〇三年、アメリカのアカデミー長編アニメ映画賞を受賞した時、私は、アメリカアニメを象徴するディズニーに肩を並べる「東の横綱」が誕生したと確信しました。

そして、宮崎監督ご自身が大学卒業後にアニメーターとして東映動画に入社する際に志した「米帝ディズニーに対抗しうる国産アニメを作る」という夢を達成した瞬間を私たちは目の当たりにしたのです。

子や孫と共に語り合える作品を生み出している作家やアーチストがどれだけいるでしょうか？　『ルパン三世』『アルプスの少女ハイジ』『未来少年コナン』『風の谷のナウシカ』など今でも幅広い世代に愛されているアニメは宮崎監督が関わってきたものです。

一九八五年、アニメーション制作会社スタジオジブリを創設し、『天空の城ラピュタ』『となりのトトロ』『紅の豚』『もののけ姫』『ハウルの動く城』などを制作しながら、どの作品も映画館を観客で満員にしてきました。テレビで何度放映されても常に高視聴率を上げています。

『千と千尋の神隠し』の国内観客動員数は二三四〇万人と言われ、その数を超える邦画はまだ存在しません。

米国でアカデミー長編アニメ賞を獲得したほか、ベルリン国際映画祭入賞など数々の外国の映画賞を受賞したのは、民族や宗教的価値観を超えて誰もが実感しうるように描くことの難しい精霊の世界を、深く、豊かに、明るく表し得たからではないでしょうか。

複数の方からうかがったところによると、宮崎監督が最も関心と興味を持って学んでいるものは、日本の各地方、各地域に古くから伝わる食文化と伝統芸能なのだそうです。

だとすれば、宮崎作品の底流に感じ取ることのできる自然との共生や命の尊厳、人間愛や恒久性といったテーマの源は、日本文化の基層に脈々と流れるアニミズムの精神であり、山川草木悉皆成仏といわれる壮大な宇宙観であることが分かります。

それは縄文文化に象徴される東北地方のアイデンティティとも通底する死生観と言

ってよいでしょう。

## 未来を支える子供たちが必要な場所を

宮崎監督がプロデュースする作品の表現は、単に世界に通ずるというだけではなく、世界から多くの人を日本に呼び込める魅力と可能性にあふれています。

ちょうど米国のウォルト・ディズニーカンパニーが映画産業を母体として発展し、キャラクター・ビジネスによって拡大、成功したように、エンターテインメント産業の源泉力は映画の制作にあったといえるでしょう。

しかし、宮崎作品、ジブリ作品の求心力は、それだけではありません。

未来の「表現者」を育む力があります。

言語や民族の違いを超えて一つのテーマを語り合う場を生み出します。

生命の源泉は何かと考える機会を与えます。

そうしたことは、経済的な「贈与」に対して、人々の間の見えないはたらきを生み出す「与贈」に寄与するものです。

ことに、その主人公となる人物は子どもたちです。未来を支える人物たちです。子どもたちが自然の中に身を置き、そこで物語の主役になって、新しい自分を創造していく。あるいは、新しい自分を発見していく。そんな場所が必要です。

同時にそこは、地域の再生をも促す場となり得るものでありたいと願います。東日本大震災の復興をめざす東北であればなおのこと、都会に子や孫を送り出すのではなく、次世代が移り住んでくるような生活・教育環境のモデルケースになっていく場の中心的存在にしたいと思っています。

そして、その「ジブリワールド」を取り巻く文化的生活環境は、世界に発信する日本文化産業の基地にもなってほしいという希望があります。

## 「大きな愛を持って行うだけ」

おじいちゃん、おばあちゃん、お孫さんが大人になった時のことを考えてみてください。戦争をしているなんてことがあってはなりません。お父さん、お母さん、そんなことにならないために、いま何をやっておかなければならないでしょうか？世界は核開発やテロ行為など競争文化・戦争文化から抜けきれないでいますが、縄文文化の色濃く残る東北の地で日本の共生文化をソフト化して世界に広めていくことができれば、人類の希望にも貢献することになるはずです。それは世界の新機軸の促進をもたらすことになるでしょう。

そのためにも日本の叡智とも言えるジブリ作品がテーマパーク化されることは、世界的にも意味のあることです。コンセプトづくりから表現にいたるまで「生命」を凝視し続けてきたジブリの理念が施設の隅々にまで行き渡り、訪れる国内外の人々がそこに触れることができるとすれば、単なるテーマパークの域を超えた「ワールド」となることは間違いありません。

世界中の人々が日本の「ジブリワールド」に注目してくれれば、二〇一六年現在で年間二四〇〇万人超の観光客数も、もっと増えることは確実です。そうすれば二〇三〇年までには六〇〇〇万人にする目標も達成されるに違いありません。人と、文化と、産業と、日本のファン。日本の未来をここから創っていきたい。それが私の願いなのです。

実は、宮﨑監督にはこれまで何度か私の考えをお伝えしました。しかし、私の熱意が足りないために、まだ色よいお返事をいただくことができていません。それでもいつか必ずこの夢を実現したいと思っています。その意味で、この本は宮﨑駿監督に対する私のラブレター、あるいはラブコールと言えるかもしれません。

敬愛するマザー・テレサの言葉がリフレインします。

「私たちは、この世で
大きいことはできません。
小さなことを
大きな愛を持って

行うだけです」

未来のために、多くの人たちに喜んでもらえる場をつくるために、大きな愛を持ち続けていきたいと思っています。

# 1章

# 「ジブリワールド」構想

## §1 「ジブリワールド」は世界の宝物

### 夢の主役になれる場所

二〇〇五年、東北地方に仙台を本拠地とするプロ野球の新球団として、東北楽天ゴールデンイーグルスの新規参入が正式に決定した時、私のふるさとである仙台の街は活気立ちました。

かつてのようにプロ野球が男性の好きなプロスポーツという枠にとどまらず、自分たちが育てていく応援しがいのある街の代名詞、ともいうべき存在になっていきます。ビジネス側から見れば地域密着型エンターテインメント産業の代表格と言っていいかもしれません。

つい最近まで、エンターテインメントの主流といえば、アトラクションが中心のアミューズメントパークでした。その本質的なコンセプトは、いかにゲストであるお客を楽しませるか、というものです。用意されたアミューズメントに対してお金を払って遊ぶ、という「お客様」待遇が人気を集めてきました。

しかし、お金を払って入場しながら、スポーツの観戦などは、決してお客様待遇をしてくれません。悔しさも持ち帰らねばならない時があります。声をからして応援した結果に満足することもあります。ましてや「自分のチーム」という気持ちが強いほど、涙することも含めて、さまざまな感情はより強烈にあふれてきます。

しかし、それこそが主体的に関わっている喜びではないかと思います。言い換えれば、それは「自分たちが主役」という新しい経験を手に入れた者だけの実感です。与えられて満足するものではない、「私の」という取り入れ方です。

私はかねてから、このプロ野球球団の誕生に沸く街の様子に目を向け、次なる「夢の主役」になれる具体的構想を思い描き続けてきました。

仙台や東北の人たちもそうですが、日本人が、日本の子どもたちが、そして世界の人たちも「夢の主役」となれる場を創造して、「自分たちのものだ」と思えるエンターテインメントの実現ができないものかと考えてきました。

その答えを先に言いますと、アニメーション界の第一人者である宮崎駿監督が生み出す作品群の魅力を、ディズニーランドのような大きなテーマパークである「ジブリワールド」として展開することです。できれば東北一の人口を持つ仙台市のある宮城県に。

## 自分自身が再生される感覚

新作が公開されるたびに国内外から注目を集める宮崎アニメほど、世界に影響力を持つエンターテインメントのコンテンツはないと断言できます。作品の好みや受け取り方はさまざまあるにしても、宮崎作品が問いかけるのは人類共通のテーマだからメッセージ力になるのだと私は見ています。

そうしたテーマ性や、微細なところまで神経を使って表現されたアニメーション技術などが相まって、私もジブリの処女作からすっかりファンになってしまいました。そんな私が、「ジブリワールド」構想を実現させようとした直接的なきっかけは、県議会議員になって一〇年ほど経ってからでした。

宮城県の観光振興を間近で見てきて、疑問に思うことが多々ありました。

例えば、予算の使い方です。観光振興の名目の下、広告会社に丸投げして県民からキャッチコピーを募集し、いろいろな標語や観光パンフレットを作って終わり。そんな実態でした。広告代理店に発注することが悪いわけではありません。しかし、パンフレットとポスターを作って関係先に配るだけで、観光の振興につながるという発想に違和感があったのです。

観光とは、そこに行って新しい体験や経験や実感を味わうことです。それによって自分になくてはならない場所になっていくことです。そうしてリピーターが増えていき、ますます宮城県のファンになっていただくことができるはずです。

そのためには、何が楽しめそうか、どんなことが魅力なのかが旅行客にしっかりと伝えられ、届いていなければ意味がありません。

まず考えなければならないのは、日本国内のみならず、世界中から人を呼び込めるものが宮城県にないだろうか、という「宝物探し」です。豊かな自然があるとか、空気も食べ物もおいしいというアピールは、多くのところでやっています。そのうたい文句では昨今の情報通の観光客には響きません。――

しかし、ほかのどこにもない「オンリーワン」があれば、それは世界の耳目を集めるはずです。そんな圧倒的価値を持つもので、自然あふれる宮城県や東北の利点を活かした普遍性のあるエンターテインメントとして「ジブリワールド」の創設を考えました。

これまでのテーマパークとの大きな違いは、来場者をお客様扱いするのではなく、この「ジブリワールド」はマイ・ワールドであるという感覚を楽しんでもらおうというものです。

お客様扱いは王様の心地よさは味わえるかもしれませんが、主人公意識は物語性の中に新たな自分を発見していくことができるのです。

もちろん、純粋にジブリの世界観に身を委ねてしまうことで最高に幸せな時間を過ごすこともできます。

しかし、それ以上に、感性が研ぎすまされていくような、自分自身が再生していくような、そんな感覚をもたらす仕掛けや工夫ができる気がしています。議会の定例会でもそうした「ジブリワールド」構想を発表しましたが、あれから時がたち、私の中でも何度も練り直されて、より明確なビジョンとして見えてきています。そのことを少しずつお伝えしていきたいと思います。

## 多くの人を魅了するキーワードは「なつかしさ」

私自身がジブリの大ファンであり、「ジブリワールド」があればいいいな、「ジブリワールド」で遊んでみたいなと思い描いているのですが、「ジブリワールド」構想は、ファンとしての希望だけで言い続けているのではありません。

例えば、ビジネス展開を考えた時に、ジブリ作品の豊富なコンテンツをもってすれば、ディズニーランドをしのぐ魅力と可能性は十分にあります。

私のアイデアの一例を挙げますと、「思い出のマーニー」に出てくる湿地屋敷の前に広がる湖を再現し、湖から屋敷の間を駆けまわれるようにする。「となりのトトロ」に出てくるネコバスを造って、吊るす。これに乗って地上を眺める。草の茂みのトンネルを四つん這いでくぐっていくと、大木の根元が現れ、そこから落ちていくと大きなクッションのようなお腹に……。

考えるだけでもワクワクしてしまいます。そして、この構想を話すと、大抵の人はうなずいて賛同してくれます。「みんなネコバスに乗りたいんだな」「油屋に宿泊したいんだ」「ハウルの動く城に入りたいんだな」と分かります。

自分自身が主人公になって無邪気に遊べる空間は、子どもたちだけでなく大人をも瞬間的に非日常に連れ出してくれます。アニメで見てイメージしていたものが目の前に出現し、イメージしていた浮遊感覚や匂いや触感が感じられる。それは、最初にアニメを見た一〇歳の自分に出会う瞬間でもあるのです。

多くの人を魅了するものには、それがグッズであれ、食べ物であれ、ゲームソフトであれ、共通するキーワードがあります。それは「なつかしさ」です。子どもの頃を思い出すもの、というだけの意味ではありません。日本人であるが故の精神的遺伝子「ミーム」に訴えかけるものであったり、言葉にも形にもならないけれど安らぐことができるものだったり、どこか心が解放されていくような気分の良さだったり、自分の内側がザワザワとしてくるなつかしさは、多くの人に共感されます。

ということは、ジブリ作品はまさにその代表選手です。しかも、日本の作品でありながら、数々の世界的賞を受賞しているということは、物語に秘められた自然観や生命観などとともに、愛すべきキャラクターたちをグッズだけにしておくのはあまりにもったいない。体験の「ともだち」にしたほうがいい。日本が目指す「クールジャパン」の中核に据えていきたいと思う人は少なくないはずです。

そのためにも賛同者を増やして、実現に向けて世界の方々と夢とアイデアを語り合っていきたいと願っています。その「ジブリ（熱風）」を巻き起こしていきたい。ビジネスとして成功させるために、現段階で考えうる産業連関表も作ってみました。もし私が生きている間に実現できなかったとしても、少なくとも記録として残しておくことができれば、いつか誰かの手でどのように動き始めるか分かりません。これこそが未来を見据えて動くという最も重要な私たちの役割だと考えるからです。

## ジブリ美術館を訪れる来館者を喜ばせる仕掛け

現在、ジブリ作品に触れられる最大の場所は「三鷹の森ジブリ美術館」です。ここは、正式名称は「三鷹市立アニメーション美術館」といって、大人だけでなく子どもが見ても何か不思議なものやおもしろいものを発見して、感情を刺激できる場所にしたいという思いで創られました。三鷹市、株式会社徳間書店、日本テレビ放送網株式会社が主体となって設立した「公益財団法人徳間記念アニメーション文化財団」が運営を行っています。主に来館者の入場料収入を財源とする独立採算的な財団です。

館内の混雑緩和、事故防止の観点から、美術館としては全国的に例のない「日時指定の完全予約制」を導入しているのが特徴です。一日あたりの入場者数は二四〇〇人限定、年間入場者数は二〇一六年度で約七〇万人と、二〇〇一年のオープン以来、高い水準を維持しています。いまだにひと月前に予約しないとチケットが入手できないほどの人気で、総来館者数はすでに一千万人を超えています。

私が初めてジブリ美術館へ行った時、「水グモもんもん」という短編映画を観ました。動く毛虫の手足が非常にリアルで臨場感があったことは、今でも鮮明に覚えています。専門家ではありませんが、従来のアニメーションの質を大幅に上げたのがジブリだということは、そうした短編作品でも手を抜かず細部まで神経の行き届いた仕事をみても感じます。

従来の作画の何十倍もの枚数の絵を描いているところがジブリのジブリたるところで、絵も画像も非常にきれいで迫力があるだけでなく、ひと言で言えばそれが観客への心配りであり、ジブリの哲学なのでしょう。

ジブリ美術館が多くのリピーターを確保できている理由は二つあると私は見ています。

一つは、ジブリ美術館に行かなければ観ることができない短編の映画が、二、三カ月ごとに切り替えて上映されることにあります。

もう一つは、「ピクサー展」や「小さなルーブル美術館展」など、定期的に特別展が開催されていることです。

例えば、二〇〇八年の特別企画展示だった「小さなルーブル美術館展」は、子どもたちでも気軽に絵画を鑑賞できる空間をつくり、ルーブル美術館の建物や歴史を感じられる空間でした。開催当時のルーブル美術館の館長が、ジブリ作品に大変興味を示し、ジブリとのコラボをやりたいという依頼があって実現したものだったと聞きます。そして出来上がったのが、子どもたちのための世界的美術館の体感という素晴らしい内容だったのです。

二〇〇五年に名古屋で開催された「愛・地球博」では、さつきとメイの家が展示され大変な人気でした。見学者を少人数制で家の中に入れ、触って感じてもらうという体感型の見学方法を宮﨑監督は許可したそうです。

ジブリ美術館には宮﨑監督一流の来館者の喜ばせ方がデザインされています。受付（らしき所）ではトトロが出迎えてくれますし、屋上にはロボット兵が待っているといった具合です。

キャラクターたち以外にもジブリ美術館を楽しい場所に感じさせているのが素晴らしいステンドグラスだと思います。様々なジブリ作品の登場人物たちが大きなステンドグラスの中にふんだんに描かれており、キラキラ輝きを放ちながら、床に投影された絵図はとても幻想的です。ミニチュアのステンドグラスもかわいらしさを効果的に演出しています。

渡り廊下の手すりはユニークです。ねじ曲げた二本の鉄の中に直径五センチほどの赤や青のきれいなガラス玉（ジブリでは不思議玉と呼ばれています）が埋め込んであって、そのガラス玉が中で動くのです。

静的な場所になりがちな美術館をちょっとした工夫で、しかも訪れた人自身が少し手を触れるだけで動的な印象に変わるという仕掛けです。そんな遊び心が計り知れないものを人々に刻み付けていくのだと思います。

## 賛同してくれたのは宮﨑駿を発掘した人物だった

二〇〇四年一二月、当時、宮城県議会議員だった私は、「ジブリワールド」構想を打ち上げ、浅野知事に対して誘致活動をしてはどうかと提案をしました。その内容は地元の新聞である河北新報の囲み記事で大きく報じられました。

記事を見た人たちからは、実に様々な反応がありました。そのほとんどが賛同を示すものであり、中で私にとって一番嬉しかったのは、気仙沼からの反応でした。

気仙沼の出身者に、アニメブームの仕掛け人で、日本初のアニメ月刊誌『アニメージュ』を創刊し、初代編集長を務めた尾形英夫さんという人物がいます。尾形さんは後に、スタジオジブリの設立に携わり、数々のジブリ作品のプロデュースを手がけ、その発展に貢献されました。若き日の宮﨑駿氏を見出して説得し、『アニメージュ』に「風の谷のナウシカ」を連載させたのも実は尾形さんなのです。アニメ業界ではその名を知らない者はいないと言われるほどの人物です。

　その尾形さんの気仙沼高校時代の同級生である渡辺さんから私の事務所に手紙が届きました。「ジブリワールド」構想を具体的に進めるためには、尾形さんに協力してもらったらどうか、という助言でした。

　その後、渡辺さんの仲介で東京・新宿駅東口の大きな喫茶店で、私は初めて尾形さんにお会いしました。

　実は、私は雑誌としての『アニメージュ』は知っていたものの、尾形さんが徳間書店の社員であり、『アニメージュ』が徳間書店から出版されていることも、尾形さんが『アニメージュ』の初代編集長であることも、宮城県の出身であることも、全く存じ上げなかったのです。

　一九六一年に徳間書店に入社した尾形英夫さんは、『アサヒ芸能』の編集長などを経て、一九七八年に日本初のアニメ月刊誌『アニメージュ』を創刊し、初代編集長に就任しました。

『アニメージュ』というネーミングは、英語の「アニメーション」とフランス語の

「イマージュ」をドッキングさせた、尾形さんの造語だそうです。

私が初めて購読していた頃は、「機動戦士ガンダム」「宇宙戦艦ヤマト」「サイボーグ007」などを連載し、加えて『アニメージュ』で発掘したオリジナルのマンガも掲載されていました。

その時代に、東映アニメーションのアニメーターであった宮﨑駿さんを見出した尾形さんが「好きなマンガを書いてくれ」と口説いて世に出たのが「風の谷のナウシカ」なのです。つまり、ジブリは尾形さんから始まっていると言っても過言ではないのです。

尾形さんは奇天烈で破天荒な人でした。一九三二年生まれで私よりも三〇歳年上ですが、いつも粋に皮ジャンを着こなしていました。小学生の頃には本当に飛んでみたくて家の二階から飛び降りたり、海の底を歩こうとして溺れそうになったりしたという変人的な逸話を聞かされても、「やっぱりなあ」と納得してしまう雰囲気を最初から感じました。

朴訥な東北訛りに親しみがあり、愛嬌もありました。波長が合ったのか、とても可愛がっていただきました。

正直な人で、ストレートに言われたこともあります。

「政治はウサン臭くて嫌いだ。特に自民党は好きじゃない」。

「でも、秋葉くんのような若い人には頑張ってもらいたいね」。そのエールもまた尾形さんの持つ兄貴分気質を表すものです。

時々誘って連れて行ってもらったのは、お気に入りの歌舞伎町のスナックでした。一緒にカラオケを歌ったりしながら、日本のアニメーションの可能性や「ジブリワールド」の構想について熱心に語り合ったものでした。

## 一流作家との出会いで得た確信

実は「ジブリワールド」の私の考えを宮崎監督にお話ししたことがあるのですが、反応が良くなかったため、尾形さんが加勢して宮崎監督を説得してくださったこともありました。

「秋葉くん、『ジブリワールド』の考えは私も素晴らしいと思う。ただ、商業的に一番成功しているのはガンダムなんだ。だからテーマパークをガンダムでやっても面白いんじゃないかな？」

と、ガンダムの原作者であり、アニメ制作会社サンライズの富野由悠季さんのところに二度も連れて行ってくれました。ガンダムのキャラクター商品を手掛けているバンダイの上野和典社長（当時、現会長）にもお会いできました。

面倒見の良い尾形さんの紹介は、そこで終わりません。株式会社スタジオぴえろの布川《ぬのかわ》ゆうじさん（山形県出身）にもお目にかかりました。子どもの頃にテレビでかじりつくように観ていた「いなかっぺ大将」「みなしごハッチ」「科学忍者隊ガッチャマン」などの演出を担当した人だと知って嬉しくなりました。

さらに、根強い人気はなんといっても「ドラえもん」だということで、当時、小学館の専務だった白井勝也さん（現・株式会社ヒーローズ代表取締役社長）のところにも同行させてもらうことができました。

「ベルサイユのばら」という代表作を持つ漫画家の里中満智子さんにお会いした際には、アニメーションの持つ無限のパワーについてご教示いただき、プロがどういう気持ちで作品を世に送り出しているのかを理解することができました。

こうして尾形さんは、アニメーション界のそうそうたる重要人物に次々と会わせてくれました。日本のアニメがいかに文化的に重要な存在であるかをますます納得した私でしたが、そう思えば思うほど、私は率直に尾形さんに言い続けるしかなかったのです。

「尾形さん、ガンダムもドラえもんも、とっても素晴らしいことがよく分かってきました。けれど、私はやはりテーマパークとしてはジブリの世界観がいいんです」。

## 宮﨑監督も認める恩人の遺志を継ぐ

尾形さんが『アニメージュ』の編集長時代、「手伝ってくれ」と言って副編集長に引っぱり出したのが鈴木敏夫さんだとうかがいました。当時から実務はほとんど鈴木さんがやっていたそうですが、尾形さんの最大の功績は、その着想とアイデアで宮﨑駿さんを口説いて「風の谷のナウシカ」を『アニメージュ』で連載することにこぎ着けたことです。

当時の宮﨑駿さんは東映アニメーションの中でも抜群に絵が上手いことで有名で、「ルパン三世」「アルプスの少女ハイジ」に携わった実績も評価されて、目立った存在だったそうです。その才能が日本を代表するアニメーション界の巨匠となることは時間の問題だったのでしょうが、尾形さんが声をかけたタイミングが「風の谷のナウシカ」という処女作を不世出の名作にしたのかもしれませんし、尾形さんがいなければ別の名前になっていたか、世に出るのが遅れたかもしれないとも想像されます。

いずれにせよ、宮﨑、鈴木という名コンビの誕生に尾形さんの存在はなくてはならないものだったことは間違いありません。

尾形英夫著『あの旗を撃て！』の中で宮崎駿監督はこんなコメントを残しています。

「尾形さんはぼくの恩人のひとりです。『風の谷のナウシカ』の連載をつづけさせたのは尾形さんの熱意でした。ナウシカのアニメ化のときも、出資者たちを説得してまわりました。リスクもコストも考えない、やりたいことをやらなきゃとゆるぎなく信じる。尾形さんの思い込みがぼくの前に道を開いてくれました。ナウシカからスタジオジブリの設立へと、いつも尾形さんの非常識な決断と行動力があったのです」

元スタジオジブリ常務の原徹氏は、同じ著書の中でこう言っています。

「尾形さんはときどき厳しい顔をして『一将功なって万骨枯れるですなあ、原さん』と言ってから後は、仕事以上の趣味のカラオケで鼻歌を歌っていました。頭に多チャンネルがあって切り替えが早いのです」

その『あの旗を撃て！』の表紙イラストは宮崎監督によって描かれたものです。

尾形さんの宮崎監督へのお礼の言葉もそこには記されています。

「水門の上にたたずむ人影がぼくだという。水門の先には大河が渦巻いているはずだ。その急流をぼくは乗り切らなければいけない。宮崎さんはきっと、ぼくへの激励をこのイラストに託してくれたのだと思う。いっそうの勇気をもらったようで、ぼくはほんとうにうれしかった」

## 「同じいのち」という目線を世界に

尾形さんが宮崎アニメを評したひと言は、「ジブリワールド」構想のコンセプトの核だと言っても過言ではありません。

「宮崎駿監督の作品に共通しているのは、人間愛と自然崇拝。これは小さな虫の命だって大切なんだという彼の信念と哲学です」

人間愛。自然崇拝。小さな虫の命も私たちと同じ命。それを形にしていくのは簡単なことではありません。でも、宮崎駿という人はそこから一切ぶれることなく突き進んできました。人生を賭けてメッセージしようとしています。

そして尾形さんもまた、そのメッセージを世の中に出していくことが自分の使命だと思っていたようです。おそらく、宮崎監督同様、尾形さんにも社会の問題が明確に見えていたからでしょう。だからこそ、単なるビジネスとしてではなく、人の心が変わって社会全体が良くなることを夢想していたにちがいありません。

「風の谷のナウシカ」の絵を目にした時の衝撃を尾形さんはこう語っています。

「素晴らしい作品でした。あまりに素晴らしいのでぜひ映画化しなければと思い、社長を説得しました。もちろん、失敗した場合の解雇は覚悟の上でした。何しろ製作費が三億五千万円でしたから」

もともと、映画製作が夢だった尾形さんが、徳間書店入社後、長く出版に携わりながらも映画にかける熱い想いを常に胸に秘めて仕事をしていたために、昭和五三年の『アニメージュ』発刊、「風の谷のナウシカ」の連載開始、映画監督・宮崎駿の誕生、ジブリ作品の世界化、という展開が生まれたのだと私は確信しています。

けれども、尾形さんとのお付き合いは、わずか二年ちょっとしかできませんでした。二〇〇七年一月、胃がんのため亡くなったのです。勝手な言い方をさせてもらえるならば、二人三脚の縛っていた紐がほどけてしまったような気持ちになりました。今でも寂しさは消えません。それほど濃密な関わりを持たせていただいたのだと、後になって気付いたのでした。

尾形さんは、生前、忙しい合い間をぬって年に一度は気仙沼に帰省していました。「ふるさとは何年経っても忘れることができない場所です。これからも人間愛の大切さ、命の貴さを訴える作品を作り続けたいと思います」

自分の原点を、自分の使命を、ふるさとが思い起こさせていたのだと思います。そして、私が目指す「ジブリワールド」構想もまた、「ふるさと」なのだと尾形さんの言葉が気付かせてくれるのです。何年経っても忘れることができない「ふるさと」にするために、命の尊さを訴える「ふるさと」にするために、私にとっての作品づくり、それが「ジブリワールド」構想なのだ、と。

尾形さんの思いも引き継いでいるのだと私は肝に銘じています。

## 直談判では断られているが……

尾形さんに連れられて、初めて宮崎駿監督と鈴木敏夫プロデューサーにお目にかかることができたのは、忘れもしません、今から一二年前、二〇〇五年一月一七日午後二時でした。

当時、宮城県議会議員だった私は、憧れのスターに会う感覚で舞い上がっていました。忙しい中でいただいた一〇分程度の貴重な面会時間で、私は「ジブリワールド」構想の壮大な夢について、思いの丈を宮崎監督にぶつけました。

「ぜひディズニーランドのように『ジブリワールド』を作りませんか。ジブリの作品をテーマパーク化して展開したら、日本中の人はもちろん世界中の人が歓喜しますよ。絶対、必ず成功します。出資者も大勢集めますからジブリにリスクはありません。私自身もぜひネコバスに乗って遊びたいし、トトロと天空をランデブーしたいし、ハウルの動く城の中に入ってみたいです。ジブリ作品は、きっとディズニーを凌ぐテーマパークになることは間違いありません」

そんな子どもっぽい純粋な想いを熱っぽく語りました。

しかし宮崎駿監督からは、「そういう考えはありません」とキッパリ断られてしまいました。

監督ご自身は、いわば芸術家であり、アニメ映画の製作にエネルギーを集中されるためか、「ジブリワールド」という施設自体にはまったく興味を示されません。

一方、鈴木プロデューサーは経営者であるため、「ジブリワールド」構想を批判はされませんでしたが、「面白いとは思うけれども、監督が興味がないと言っている以上、我々としてもどうすることもできない」と言われました。

「とにかく大人が楽しめますよ」

と言う私に、鈴木プロデューサーは、

「我々の作品は子ども向けとしては作っていません。大人のために作っていますから」

と明確に答えられたのが印象に残っています。

宮崎監督と言えば、作品を仕上げる度に、引退表明をしていました。

「監督はいつもこの作品を最後に引退と言われますが、実際には次々に作品が生まれて嬉しく思います」

と私が言うと、鈴木プロデューサーは、

「監督は、本当に引退したいと思うくらい燃焼するんです。やりたいことを全部打ち出して燃焼したと、本当に思っているんです」

と監督の気持ちを代弁してくれました。一つの作品を仕上げるのに燃焼し尽くすのだから、その全身全霊の魂が作品に乗り移らないわけはないと腑に落ちました。

何年か後に再度訪れた時、スタジオの近くに、ジブリのアニメーターのための素敵な保育所ができていたのも、今にして思えば、その監督の燃焼の仕方と歩を共にする人たちも安心して仕事に打ち込めるようにという配慮だったのです。

## ジブリの世界観と東北の感性は合致する

私が「ジブリワールド」構想を熱く語った時、鈴木プロデューサーから、「仮にテーマパーク化したとして、なぜそれが仙台や宮城県なんですか？」と問われました。私は、「よくぞ聞いてくださいました！」と言いたくなったほどでした。

その理由は、まさに「ジブリだから」です。ジブリの表現する自然との共生、自然に対する畏敬の念、平和への願いが、自然を崇拝し自然と共生しながら歴史を刻んできた、東北地方のアイデンティティ、縄文文化のブリコラージュ（あるものを集めて自分で創る）思想と合致すると考えるからです。

自然との共生というテーマに関しては、多くの人が感じていることと思います。そして、そのテーマが現代に最も必要であることも頷けるはずです。それはこの現代社会に暮らしながら、どこかで違和感や危機意識を感じているからにほかなりません。あまりにも文明化された社会に私たち自身が恐怖を覚えているのかもしれませんし、そのスピードを止めたいとも考えている。

人の手ができることには限りがあるけれど、それでも機械にばかり頼らず、身の丈にあった暮らしをすることを大切にしたい。自分がやったのだという実感のある日常を送りたい。本当は心が落ち着く時間を持ちながらゆるやかに生きていきたい。そんな気持ちを少なからぬ現代人が抱えています。

ジブリ作品の底流に流れている縄文文化的な自然観や生命観を強く感じさせる作品は「もののけ姫」です。私は東北人なので弥生よりも縄文のほうがしっくりする感じがします。縄文の魅力は、土器一つを見ても非常に芸術的なセンスが高く、かの岡本太郎が縄文土器に魅せられていた理由も分かる気がします。

しかも、その時代の祖先たちは、狩猟だけではなく農耕も始めるなど、あるものを活かして新しい生活や道具を創造していくというブリコラージュの意識が高かったように思われます。おそらく、自然と共生しなければ生きながらえることがなかったがゆえに育まれた発想力でしょう。今でも東北ではそうした先人たちの知恵を受け継いだ伝統行事が数多く行われ、山の神や水の神を祀る場所が至る所にあるのです。

たしかに、いま「ジブリワールド」をつくろうとすれば、そのハード的なもの自体は近代的なものになるかもしれませんが、「ジブリワールド」で遊んだ後には、ああやっぱり自然は大切にしなければいけないとか、他のテーマパークでは得ることのできない時空を超えた一体感のようなものまで味わえるソフトを充実させたいと考えています。コンセプトは、〝一人一人が主人公〟。五感をフルに使う体験型のアトラクションをたくさん用意したいと思っています。

## 歴史の代弁者としての意味

さらに、「ジブリワールド」は、環境教育の場としても活用してほしいと願っています。青森県の南西部から秋田県の西部にかけて広がっている白神山地は、標高一〇〇〇メートル級の山岳地帯で、一九九三年（平成五）一二月、屋久島とともに日本で初めてユネスコ世界遺産に登録されました。それは、人間の手がほとんど入っていない、つまり非近代的であることが自然遺産的な価値を持っていると認定されたからです。「もののけ姫」の世界は、人間が畏怖するしかないそうした大自然に身を置いてこそ実感されうるものです。

ちなみに、ジブリ・オタク風に言えば、「もののけ姫」の背景画を描いているのは秋田出身の男鹿和雄さんです。男鹿さんは、「もののけ姫」が公開される二年前の一九九五年、主人公・アシタカが住むエミシの村を描くために、青森県の鰺ヶ沢、藤里町の二ツ森などを歩き回ったり、白神山地へ取材に出かけています。アニメーター自身が自然の中で実感したものを作品の中に取り入れているわけですから、観客もリアルに感じるのは当然なのです。

私は二〇一一年の東日本大震災で、非常に不思議なことを感じました。私の選挙区である荒浜海岸の頑丈なコンクリートブロックが、津波の被害で根こそぎ破壊され、壊滅的な状況になっていました。

ところが、なぜか理由は分からないのですが、神社の鳥居だけはいくつも残っているのです。最初は、柱が細いために押し寄せた波も抜けやすく、受けた圧力が弱かったのだろうと思っていました。しかし、それが理由ならば、電信柱や松の木や防風林も残っていてよいはずです。なぜ鳥居だけが？　ますます分からなくなっていました。

また、東日本大震災の大津波は、仙台平野でも高さ一〇ｍに達し、海岸から約三㎞も離れた場所にある高速道路の法面の土手にぶつかって何とか堰き止められた格好でしたが、実は、若林区の霞目には、一八三五年六月に発生した天保大津波を教訓に、津波の浸水域との境目に建てられたと伝わる「浪分神社」があります。

当時もまた、大津波は、海岸から直線で約六㎞以上も離れたこの地まで達し、二手に分かれて引いたと伝えられています。私たちの祖先は、災害から地域を守るためにこの神社を建立し、「神社よりも海側に住むな」という教訓を伝承したかったのだと思います。

宮城県や岩手県の沿岸部には、「此処《ここ》より下に家をつくるべからず」といった警告を刻んだ石碑や遺訓の言い伝えが数多く存在しています。

自然にはあらがえません。だからこそ自然を敵視するのではなく、自然を畏敬し上手く共生する術を持たなければいけないのです。そのためにも、私たちに染み付いてしまっている近代的な思考の呪縛を一度解き放つために、自然の中に身を置いて体が自然と親しめる場所を用意しなければならないと切に思うのです。

## §2　テーマパーク成功の条件

### ハード先行のテーマパーク

ところで遊園地などのレジャー施設の歴史は、日本ではいつから始まったのでしょうか。私は、「ジブリワールド」構想を練り上げていくことと並行して、テーマパークの歴史についても調べてみようと考えました。それは、自分の構想をより俯瞰的に捉えるためでもあり、歴史を繙《ひもと》く中で成功の要因を見つけ出せるのではないかと考えたからです。

江戸時代晩年の一八五三年、ペリーの黒船が来航した頃に開園した、東京・浅草の「花やしき」が日本初の遊園地だと言われています。最初は庭園としてスタートし、遊戯機器が設置されるようになっていったと知ると、名前の由来も理解できます。オープンからすでに一六〇年以上の年月が流れています。一九五二年に開園した兵庫県宝塚ファミリーランドは、日本で初めて高速の乗物「ウェイブコースター」を導入したことで知られています。

一九八三年には千葉県浦安市に東京ディズニーランドがオープン、これを機にテーマ性を持たせた遊園地、いわゆるテーマパークが全国に続々と誕生することになります。

その後、遊園地やテーマパークの施設数は増え続けていきますが、一九九三年をピークに減少に転じることになります。バブル経済の崩壊と時を同じくした施設の淘汰が進みました。世界を魅了するほどのソフトウエアがハードに追いついていなかったのです。

そもそもテーマパークとは、アメリカで生まれ育った概念ですが、必ずしもはっきりとした概念規定があるわけではないようです。ディズニーランドが従来の遊園地と異なるのは、テーマ性が明確であることに加えて、物販や飲食施設をともなう複合施設が充実していること、そして、子どもだけではなく老若男女も楽しめるように工夫されていることです。

経済産業省の「特定サービス産業実態調査報告書（公園、遊園地、テーマパーク編）」によれば、テーマパークとは「入場料を取り、特定の非日常的なテーマのもとに施設全体の環境づくりを行い、テーマに関する常設かつ有料のアトラクション施設映像、乗り物（ライド）、ショー、イベント、シミュレーション、仮想体験（バーチャルリアリティ）、展示物を有し、パレードやイベントなどを組み込んで、空間全体を演出する事業所」とされています。

## テーマパークを「一個の生命体」と見たディズニー

テーマパークと遊園地の違いは何かというと、「テーマパークは、ディズニーランドやユニバーサルスタジオに代表されるカテゴリーで、アトラクションとパレードやイベントの組み合わせでホスピタリティを集客の核」としているのに対して、「遊園地は、アトラクションや乗り物、設備自体が集客材料となっており、テーマパークと比較すると規模も小さく、日帰り顧客が中心となっている」と区別する場合もあるようです。

巨大遊園地ともいえるテーマパークがビジネスとして成り立つには、リピーター（再訪問客）の確保が必須です。どんなに魅力的な遊園地でも、何回も来ていればさすがに飽きてくるものです。そのため、常に新鮮さを感じさせる仕掛けが必要になります。

魅力を低下させずに質の高い〝商品〟を提供し続ける決め手は、つねにパークに新しい「売り」を加えていくことです。基本的な戦略としては、イベントやアトラクションの新規更新を継続的に行うこと。

ウォルト・ディズニーはテーマパークを一個の生命体と考えました。「要するに生き物なのだ。生きて呼吸するものだから、常に変化が必要だ」と言いました。多くのテーマパークや遊園地が開業から一、二年も経てば客足が途絶える中で、ディズニーランドは「常に新しいこと」を売りに、リピーターを確保してきました。「ディズニーランドは永遠に完成することがない」というウォルト・ディズニーの言葉を実践してきたのです。

ややもすると、集客に成功したことは変える必要はない、と保守的な思考になりがちですが、それこそが衰退の始まりだということを彼は見抜いていたのでしょう。常に改革を続けることは自分との闘いであることを肝に銘じなければ、お客の心は掴めないのだと教えられます。

## 構想から長い時間をかけて成功した東京ディズニーリゾート

テーマパークの成功秘訣はどんなところにあるのかを考えるために、ここで、もう少し詳しく東京ディズニーリゾートについて見ておきたいと思います。

近年の東京ディズニーリゾートの入園者数は「ディズニーランド」「ディズニーシ

ー」の両パーク合わせ年間三千万人超。過去最高は三一三七万人です。運営理念は「SCSE」という四つのキーワードで表され、Safety（安全性）、Courtesy（礼儀正しさ）、Show（ショー）、Efficiency（効率性）、の順に重要度を決めています。一般的にビジネスで考える重要度と逆であることに注目すべきです。

この東京ディズニーランドを経営しているオリエンタルランドは、地元自治体の千葉県が三三〇万株、発行済み株式の三三％を持っています。さらに浦安市が六六万株、六・四％を所有しています。

これからも分かるように、地域と連携した運営を行うことで協力体制が維持できるのです。つまり、地域ごとお客様を迎えましょうという意識が構築できないかぎりテーマパーク経営は難しいということです。

もちろん、開業までにもさまざまな問題があったと聞き及んでいます。東京ディズニーランドのある東京湾岸は、もともとノリ養殖などが行われていた漁場でしたが、工場排水で海が汚染されたために埋め立てられました。千葉県の埋め立て地で成功した「船橋ヘルスセンター」を真似て、レジャーランドでも作ろうという計画だったようです。一九五〇年代半ばの話です。

そして、一九六〇年七月、浦安地区の埋め立て工事と遊園地の事業目的に、オリエンタルランド社が設立されました。オリエンタルランド社は、米国のウォルトディズニーカンパニーとのライセンス契約により、東京ディズニーランド、東京ディズニーシーを中心に東京ディズニーリゾートを経営・運営していることは誰もが知っていますが、初仕事は漁業権消滅にともなう漁業補償の交渉だったのです。

一九七〇年一一月、埋め立て工事が始まり、約八七〇ヘクタールの埋め立て地のうち、商業地を含めて約三八〇ヘクタールを遊園地用地として千葉県から分譲されました。オリエンタルランド社は、一九七三年に開発基本計画書を県に申請、翌一九七四年八月に承認を受けます。「ウォルト・ディズニープロダクションズ」の首脳が一二月に来日、現場視察をした後、誘致が本決まりになったわけですから、ここまででも長い時間がかかっています。

## 鉄道まで開通させ「世界で最も立地条件がいいパーク」に

一九七五年一月からフィージビリティ・スタディ（実行可能性調査）が始まって、一九七七年三月に「東京ディズニーランド」を正式名称とすることが決定します。

それからの交渉は、ロイヤルティ（特許権使用料）の料率と契約期間が焦点となりました。この交渉はなんと五年越しとなり、両社が基本契約に調印したのは一九七九年四月でした。オリエンタルランド社が設立されて二〇年近い年月を要したのです。

一九八〇年一二月に着工式を迎え、一九八三年三月に竣工。当時一〇〇〇億円を予定していた総事業費は一八〇〇億円を超えました。

そしてついに一九八三年に東京ディズニーランドはオープンします。実に二三年にわたる長い長い準備期間でした。言葉で記せばそれだけのことですが、そこに関わった人たちの熱意と苦労は私の書き切れることではありません。

私が大学生の時に開園した東京ディズニーランドですが、当時はまだJR京葉線は開業していませんでした。最寄駅は営団地下鉄（現東京メトロ）東西線浦安駅でした。

浦安駅で下車した人たちは長蛇の列のバス乗り場に並び、さらに満員状態のバスでディズニーランドへ向かいました。車で行く人も駐車場に入るのにも時間がかかるほどでしたが、待ちに待ったディズニーランドに日本中から大挙して押し寄せたのです。

オリエンタルランド社はJR東日本に働きかけて、一九八八年一二月に京葉線舞浜駅の開業を実現させました。一九九〇年三月には東京駅まで開通させ、それまで一時間を要していた東京中心部からの所要時間を三〇分未満に短縮したのです。幕張新都心の発展にも貢献したことは言うまでもありません。

オリエンタルランド社首脳が「東京ディズニーリゾートは世界で最も立地条件がいいパークだ」と胸を張るほど交通網の整備に力を注いだのです。

## 苦肉の策の「エレクトリカルパレード」が大ヒット

開園から順調に客足を伸ばし続けている東京ディズニーランドの人気アトラクションにはいつも長蛇の列ができ、親子連れや若いカップルの笑い声が園内に響いています。

一九八三年オープンの夏休みに入場者数は一日平均五万七〇〇〇人に達したと言いますから、先に述べた Safety（安全性）、Courtesy（礼儀正しさ）、Show（ショー）、Efficiency（効率性）の徹底のためにキャスト（アルバイトスタッフ）の教育も含め、運営側の「おもてなし」のノウハウは着実に積み重なっていったことでしょう。また、それを展開、実現していくシステムも日々更新され続けたことでしょう。

ちなみに、東京ディズニーランドのスタッフの九割はアルバイトなのですが、最強のサービスを生むその教育方法は多くの企業が注目しています。「冒険」「歴史」

「ファンタジー」「未来」を五感で楽しむのがディズニーランドで、そこで働くキャストは魔法使いの弟子であるというコンセプトをスタッフは共有し、全員に何かしらの役柄が付いているのも、一人ひとりの自覚を高め、ここで働きたいと思う要因の一つとなっているようです。

そうして初年度の入園者数は九九三万人、二年目には一〇〇一万人に達し、国民的レジャー施設へと成長していきました。ディズニーランド成功の秘訣を分析した本や雑誌の特集もたくさん出ました。

ところが、オープンから二年後の一九八五年、茨城県筑波（現つくば）市で「科学万博つくば八五」が開催されました。東京ディズニーランドはその影響を受けて入場者が年間七〇〇万人にまで減少するという予想が出されたのです。

オリエンタルランド社がその対策として打ち出したのが「エレクトリカルパレード」だったのです。今でこそディズニーランドの代名詞的なイベントになっているエレクトリカルパレードも、入場者の増加に慢心しない経営者たちの高い意識の賜物だったわけです。

さらに、旅行代理店を通して、東京ディズニーランドとつくば万博をセットにしたツアーを売り出すという、「敵」も共に幸せになる方法を取りました。

その結果、入場者数は一九八四年度が一〇〇一万人、一九八五年度が一〇六七万人と安定的に推移し、リピーターを確保することに成功したのです。一九九一年度には累計で一億人を記録、年間入場者数は一六〇〇万人を数えるまでになりました。

やはり、開園後からほぼ一貫して入場者数が増え続けている理由は、先述した通り「ディズニーランドは永遠に完成することがない」という理念に基づいて、絶えず必要なことは何かと考えながらトライし続けているからです。

そして、広くて清潔で、夢を与えてくれる細部へのこだわりも、訪れる人を魅了しているのです。

## マニュアル主義に陥らない

これだけの規模を成功させるためには、徹底したマニュアル主義によるものだろうと推測してしまうのですが、実はそうではなく、非常に柔軟な対応をしていることが分かります。

例えば、一九九七年に東京ディズニーランドでスタートしたハロウィーンイベントは、当時は一日のみの開催でしたが、今や東京ディズニーシーを含め、九〜一〇月末の五五日間にわたって行われる大イベントとして成功しています。単発のイベントを期間行事に練り直していくという方法は、試行錯誤の繰り返しのなかで最善のものを作り上げていく柔軟性あっての展開力です。

しかも、東京ディズニーランドのハロウィーンイベントの成功を受け、今では米国ディズニーでも貸切パーティなどのイベントに形を変えて〝逆輸入〟されています。古くからの言い方をすれば「顧客満足」を高める努力を惜しまない日本人のアイデアには「本家」も脱帽するしかありません。

「明るく楽しい」ショーがメインのディズニーランドに対して、ディズニーシーは「大人びて華やか」な演出を重視しています。期間限定のデコレーション、ショー、商品、フードなどの内容が東京ディズニーランドと東京ディズニーシーで異なっているため、両方のハロウィーンを体験しようと、日を替えて両パークを訪れるファンも大勢います。

## ファミリーを分断させない愛情

ハロウィーンだけではありません。季節イベントは両パークとも年中ほぼ切れ目がありません。米国的なお祭りだけではなく、七夕、夏祭り、正月のように日本的なお祭りに関連したイベントもたくさん含まれるからです。これが独自性となって「アメリカの真似」ではない面白さを提供することにつながっていると考えられます。

季節イベントを円滑に進めるため、オリエンタルランド社は一九九一年に「スペシャルイベント委員会」を設けました。それが中心となって時間をかけて準備を進めていくのです。

一例を挙げると、ハロウィーンの場合、担当者レベルでの検討は実に本番一六カ月前に始まっています。

今年のハロウィーン開催が差し迫っている時期、つまり来年の開催の一三カ月前には、コンセプトやターゲット、ショー形態といった「方針」をいったんまとめて、委員会で合意を得ます。そして、一一カ月前に今年のハロウィーンの反響を考慮しながら、方針の継続か軌道修正すべきかを確認します。来年の開催が決定されれば、具体的なプランを六カ月前に委員会で決議するのです。

現在、世界にはディズニーテーマパークが六つあります。東京のほか、カリフォルニア州アナハイム（一九五五年開業）、フロリダ州オーランド（一九七一年開業）、パリ（一九九二年開業）、香港（二〇〇五年開業）、上海（二〇一六年開業）。

もともとウォルト・ディズニーがディズニーランドを創るに至ったのは、一九三〇年代の末、二人の愛娘にせがまれて近くの公園を訪れた際に、子どもたちは乗り物に乗って喜んでいるのに対し、自分は一人でピーナッツをかじりながらそれを眺めているだけで退屈していた。そのことに気付いたウォルト・ディズニーは、子どもと一緒に親子で楽しめる場所のアイデアを思い付いたというのです。

その、ファミリーを分断させない愛情が、運営の理念につながっていることは間違いありません。

## 日本という潜在価値はまだ未発掘!

きょうも世界のディズニーランドで親子が楽しんでいますが、親も子も楽しめる場所がもっとたくさんあればと願いたくなるのは、現代社会の何かに対する危機意識なのでしょうか。

そして、その場が日本の、日本人のプリミティブな心の琴線に触れる所であればなおのこと残し続けていきたいものになると確信します。

現在日本を訪れる二四〇〇万人超の海外からの旅行客は、東京や京都を訪れることが多いのですが、近年の変化は、岐阜の白川郷や高山、酒蔵巡りが人気を集めるなど、従来型の旅行では満足しない外国人も少なくありません。しかし、残念ながら東北にはまだ目を向ける人は少ないようです。

現在、政府が力を入れているビジット・ジャパン事業（ＶＪ）は、訪日外国人旅行者の増加を目的とした訪日プロモーション事業です。小泉総理の時にビジット・ジャパンと銘打って、日本への外国人旅行者を一〇〇〇万人にしようと目標を掲げたものの、実現には一〇年の月日がかかりました。

それでもテーマパーク業界でひとり勝ちとされる東京ディズニーリゾートでさえ、入場者の七割が首都圏在住者で、外国人は三％にすぎません。まだまだ日本の潜在価値は発掘されずに眠っているような気がします。

二〇二〇年の東京オリンピック・パラリンピックの年までに外国からの観光客を

# 訪日外国人旅行者数の推移

国土交通省
観光庁

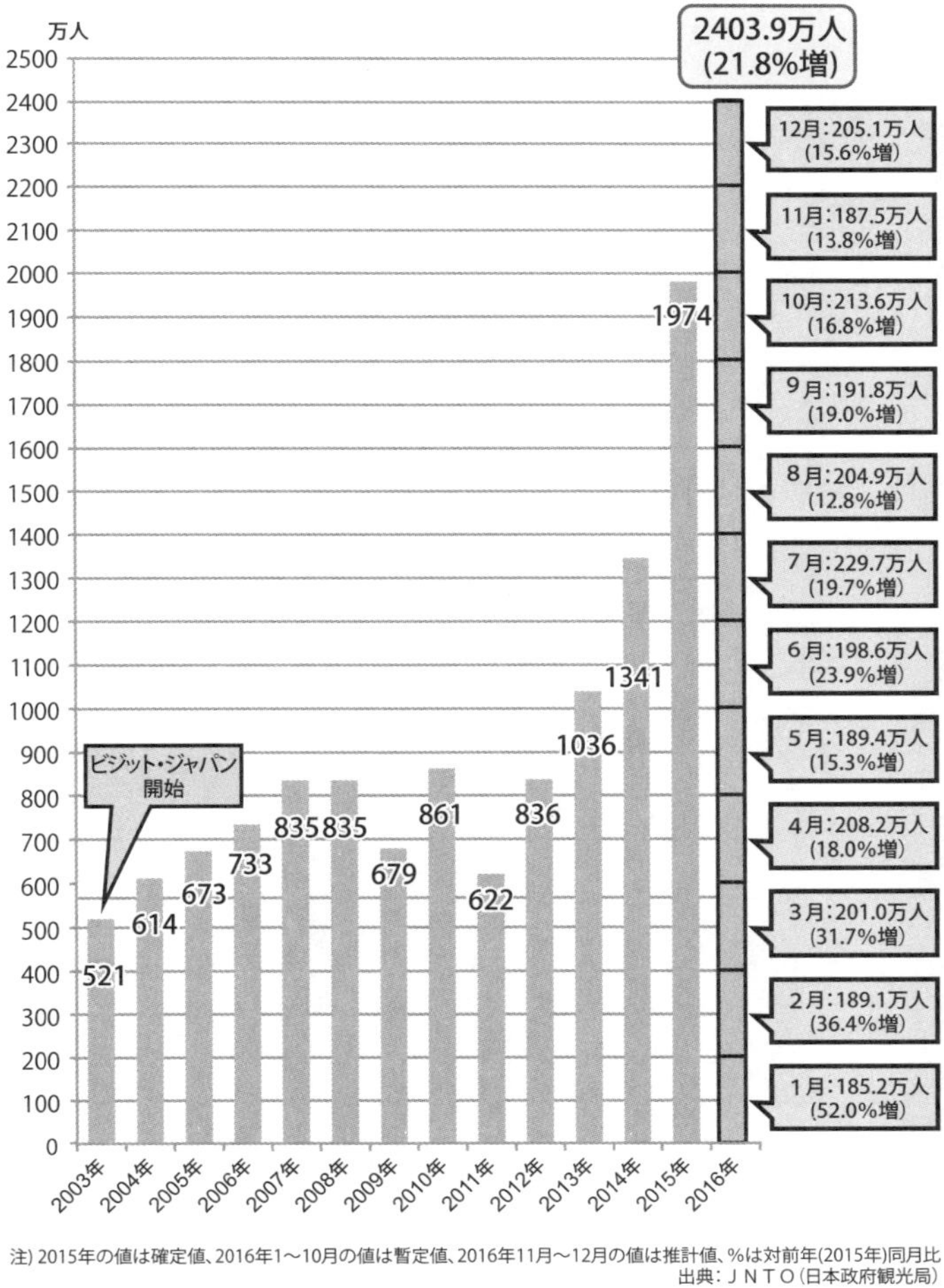


注) 2015年の値は確定値、2016年1～10月の値は暫定値、2016年11月～12月の値は推計値、%は対前年(2015年)同月比
出典：ＪＮＴＯ（日本政府観光局）

四千万人に、二〇三〇年には六千万人にまで増やし、また訪日外国人旅行消費額を二〇二〇年に八兆円（二〇一六年の二倍超）に、二〇三〇年には一五兆円までに増やそうという目標が政府にはあります。

「ジブリワールド」という世界のどこにもなかったテーマパークに足を運んで、リピーターになってもらうチャンスはすぐ目の前にあると私は感じています。

## §3 テーマパークの効果と勝算

### 日本の主なテーマパーク

**①東京ディズニーランド(TDL)、ディズニーシー(TDS)**

TDLは一九八三年、千葉県浦安市に開業。

TDSは二〇〇一年開業している。TDL・TDSを運営するオリエンタルランド社の二〇一五年のテーマパーク事業の収入高は三九九二億三四〇〇万円である。

なお、運営会社の(株)オリエンタルランドは、一九九六(平成八)年に東証一部に上場している。

**②ユニバーサル・スタジオ・ジャパン**

二〇〇一年、大阪に開業。

二〇〇七年、運営会社の（株）ユー・エス・ジェイが東証マザーズに上場。

二〇〇九年、ゴールドマンサックスの子会社であるＳＧインベストメンツ（株）によるＴＯＢ（株式公開買付）が成立し、マザーズ上場廃止となった。

二〇一五年の入場者数は約一三九〇万人と過去最高で収入高は一三八五億七七万円だった。

### ③ハウステンボス

一九九二年、長崎に開業。

年間五〇〇万人の入場者を見込んでいたが、初年度の入場者数は三七五万人。ピーク時の一九九七年三月期でも、入場者数は四二五万人にとどまった。

二〇〇〇年三月に経営再建五カ年計画をまとめたものの、業績は改善せず、二〇〇三年に会社更生法の適用を申請した（負債総額は約二二三〇〇億円）。

# 2015年収入高ランキング

| 順位<br>(前年順位) | 商号<br>テーマパーク名 | 本社<br>所在地 | 決算月 | 2015年<br>収入高<br>(百万円) | 前年比<br>増減率<br>(%) | 構成比<br>(%)<br>※1 | 2016年<br>収入高<br>(百万円)<br>※2 | 前年比<br>増減率<br>(%) |
|---|---|---|---|---|---|---|---|---|
| 1 (1) | ㈱オリエンタルランド<br>東京ディズニーリゾート | 千葉県 | 3 | 399,234 | ▲0.8 | 49.1 | 396,262 | ▲0.7 |
| 2 (2) | ㈱ユー・エス・ジェイ ※3<br>ユニバーサル・スタジオ・ジャパン | 大阪府 | 3 | 138,577 | 44.5 | — | — | — |
| 3 (3) | ㈱東京ドーム<br>東京ドームシティ | 東京都 | 1 | 59,061 | ▲0.3 | 4.3 | 59,679 | 1.0 |
| 4 (4) | ㈱ナムコ<br>ナムコ・ナンジャタウン | 東京都 | 3 | 43,009 | ▲7.7 | 5.3 | — | — |
| 5 (6) | ハウステンボス㈱<br>ハウステンボス | 長崎県 | 9 | 27,594 | 5.1 | 3.4 | — | — |
| 6 (7) | 富士急行㈱<br>富士急ハイランド | 山梨県 | 3 | 26,211 | 2.6 | 3.2 | 27,449 | 4.7 |
| 7 (5) | 長島観光開発㈱<br>ナガシマリゾート | 三重県 | 2 | 25,118 | ▲5.3 | 3.1 | — | — |
| 8 (8) | ㈱モビリティランド<br>鈴鹿サーキット | 三重県 | 3 | 25,103 | ▲0.1 | 3.1 | — | — |
| 9 (9) | 西武鉄道㈱ ※4<br>西武園ゆうえんち、としまえん | 埼玉県 | 3 | 21,533 | ▲0.6 | — | 21,724 | 0.9 |
| 10 (10) | ㈱よみうりランド<br>よみうりランド | 東京都 | 3 | 16,188 | 2.1 | 2.0 | 17.737 | 9.6 |
| 11 (11) | 加森観光㈱<br>ルスルリゾート | 北海道 | 3 | 15,652 | 3.2 | 1.9 | — | — |
| 12 (12) | 常盤興産㈱ ※5<br>スパリゾートハワイアンズ | 東京都 | 3 | 12,453 | ▲0.1 | — | 12.722 | 2.2 |
| 13 (13) | (公財) 東京動物園協会<br>恩賜上野公園ほか | 東京都 | 3 | 9,005 | 5.1 | 1.1 | — | — |
| 14 (—) | 近鉄レジャーサービス㈱<br>志摩スペイン村ほか | 三重県 | 3<br>※6 | 9,036 | 367.1 | 1.1 | — | — |
| 15 (14) | (一財) 沖縄美ら島財団<br>沖縄美ら海水族館ほか | 沖縄県 | 3 | 8,400 | ▲9.3 | 1.0 | — | — |
| 16 (15) | ㈱横浜八景島<br>横浜・八景島シーワールド | 神奈川県 | 3 | 7,25 | 6.7 | 0.9 | — | — |
| 17 (16) | ㈱アワーズ<br>アドベンチャーワールド | 大阪府 | 5 | 7,243 | 6.3 | 0.9 | — | — |
| 18 (18) | 泉陽興行㈱<br>よこはまコスモワールドほか | 大阪府 | 4 | 6,881 | 6.0 | 0.8 | — | — |
| 19 (19) | ㈱サンリオエンターテイメント<br>サンリオピューロランド | 東京都 | 3 | 6,300 | 1.6 | 0.8 | — | — |
| 20 (17) | ㈱海遊館<br>海遊館 | 大阪府 | 3 | 5,850 | 10.4 | 0.7 | — | — |

※1　2015年収高は構成比は全154社の収入高合計に対する比率

※2　2016年収入高は判明分のみ掲載

※3　2016年4月に旧㈱ユー・エス・ジェイを合併しアジア・テーマパーク・インベストメント㈱から商号変更しており、2015年収高は旧㈱ユー・エス・ジェイから引用（主要テーマパーク、ランキング表のみ掲載）

※4　㈱西武ホールディングスが開示した決算短信（連結）の沿線レジャー業の収入高を引用

※5　常盤興産㈱が開示した決算短信の観光事業部門の収入高を引用

※6　近鉄レジャーサービス㈱は2014年に決算期を変更している

野村ＨＤ傘下の投資会社による支援の後、二〇一〇年から、旅行会社のＨＩＳが再建支援に当たっている。

売上高、営業利益ともに二〇一一年度から四年連続で増加し、二〇一四年度は売上高二六二億円、営業利益は過去最高の七三億円を達成した。

**④サンリオ・ピューロランド、ハーモニーランド**

サンリオ・ピューロランドは、一九九〇年、東京に開業。ハーモニーランドは、一九九一年、大分に開業している。

二〇一五年度の入場者数は一二六万人、売上高は六三億円である。

**⑤東映太秦映画村**

一九七五年、京都に開業。

二〇一三年度の入場者数は八三万人。

二〇〇〇年度の売上高は四九億九六〇〇万円であったものの、その後、徐々に落ち込み、二〇〇五年度の売上高は三六億一〇〇万円、二〇一〇年度の売上高は二四億八二〇〇万円となっている。

**⑥シーガイア**

一九九三年、宮崎に開業。

一九九五年のピーク時には三八六万人の利用者がいたが、一九九九年には三〇二万人に落ち込んだ。

二〇〇一年、シーガイアを経営するフェニックスリゾートが会社更生法の適用を申請した。負債総額は二七六二億円で、第三セクター破綻市場最大の倒産となった。

その後、米投資会社リップルウッドが経営権を取得。

二〇一二年には、セガサミーホールディングスが株式を譲り受け、子会社化した。フェニックスリゾートの二〇一一年三月期の売上高は九六億九二〇〇万円、営業利益は三八〇〇万円である。

### ⑦スペースワールド

一九九〇年、福岡に開業。

新日鉄（現：新日鉄住金）八幡製作所の跡地に三〇〇億円をかけて建設。初年度の入場者数は目標の二〇〇万人を下回る一八五万人にとどまる。

その後、アトラクションを次々に導入し、一九九七年には過去最高の入場者数二一六万人を記録、売上高も一九九八年三月期には一一一億円を計上した。

しかし、テーマ性が弱く、キャラクターの人気が上がらなかったこともあって、リピーターの数が伸び悩んだ。二〇〇四年、三月期の売上高は五九億円、負債三五〇億円となり、二〇〇五年には民事再生法による再生手続きを開始し、加森観光に営業権譲渡された。

### ⑧ナンジャタウン

一九九六年、東京に開業したフードテーマパークである。

バンダイナムコホールディングスの子会社の（株）ナムコが経営。

現在フードテーマパークはナンジャ餃子スタジアム、福袋デザート横丁の二つがあり、それぞれのエリアテーマに沿った飲食物が提供されている。

二〇一五年の売上高は四三〇億円となっている。

## 世界のテーマパーク

### (1) 入場者数

Themed Entertainment Association が発行する「2015 THEME INDEX:Global Attractions Attendance Report」に、二〇一五年の世界のテーマパーク集客数ラン

キングが掲載されている。

これによれば、一位はマジック・キングダム（米フロリダ・ディズニーワールド、二〇四九万人）、二位はディズニーランド（米カリフォルニア、一八二八万人）、三位は東京ディズニーランド（一六六〇万人）、四位はユニバーサル・スタジオ・ジャパン（一三九〇万人）、五位は東京ディズニーシー（一三六〇万人）となっている。

（89頁参照）

## (2) 経営状況

### ①ディズニー関連テーマパーク（米・仏・香港・日本）

ウォルトディズニーカンパニーの二〇一三年度（二〇一二年九月三〇日〜二〇一三年九月二八日）の財務報告書によると、二〇一三年度のParks and Resorts部門の売上高は、一四〇億八七〇〇万ドル、営業利益は二二億二〇〇〇万ドルである。売上高の地域別内訳は、米国内一一三億九四〇〇万ドル、国外二六億九三〇〇万ドル

## 世界のテーマパーク入場者数 TOP25（2015年）

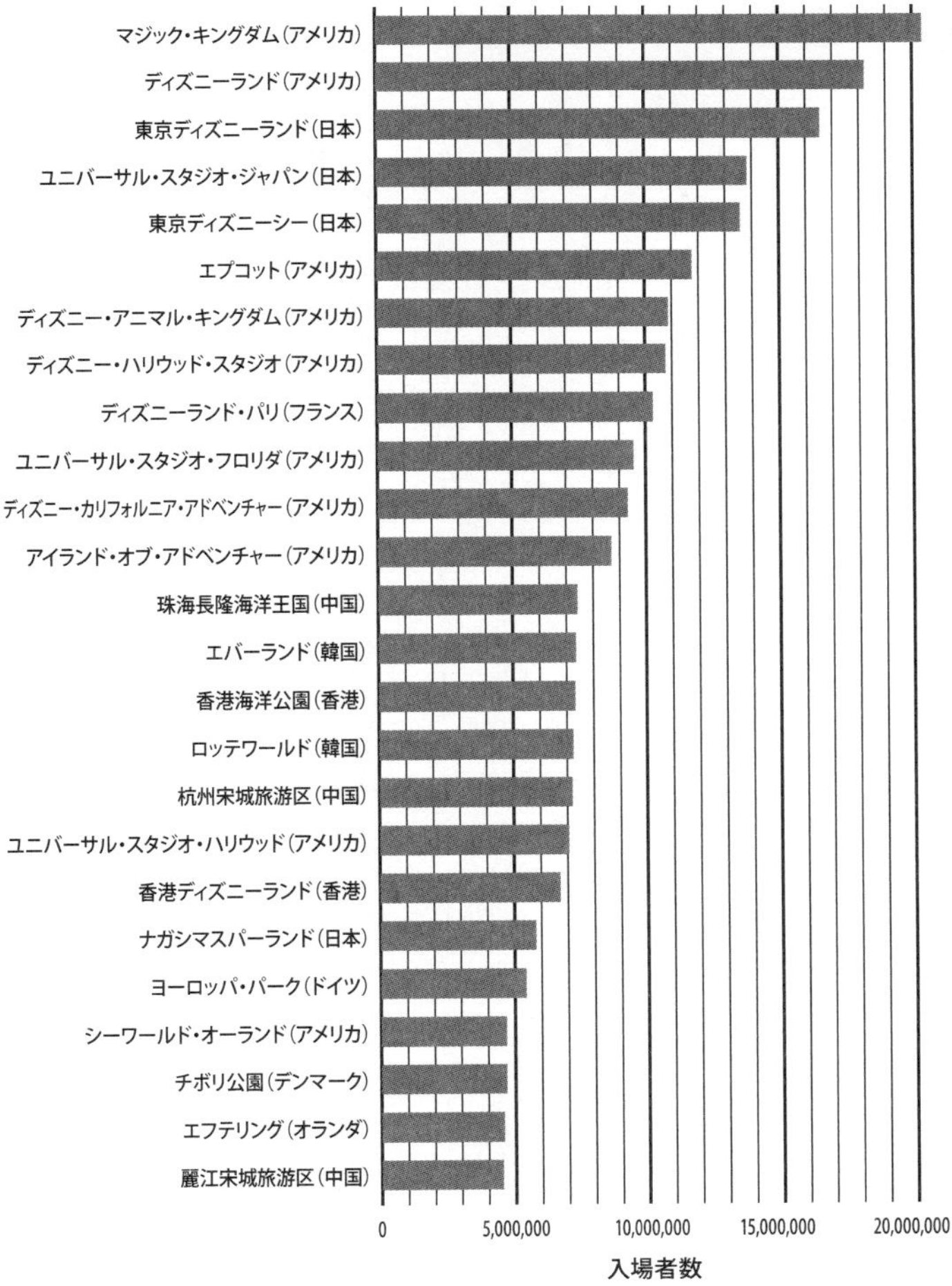


出典：Themed Entertainment Association（テーマ・エンターテインメント協会）

となっている。

なお、TDL、TDSを含む東京ディズニーリゾート（TDR）を運営するオリエンタルランド社とウォルトディズニーカンパニーとの間に資本関係はなく、オリエンタルランド社は、同社とライセンス契約を締結し、ロイヤリティーを支払ってTDRを運営している。

一方、ウォルトディズニーカンパニーは、香港ディズニーランド、ディズニーランド・パリの運営会社には出資している（パリ五一％、香港四八％）。

香港ディズニーランドは、二〇〇五年の開園後、赤字経営が続いていたが、二〇一二年度（二〇一一年一〇月〜二〇一二年九月）に初めて最終損益が黒字となった。また、二〇〇六年時点の新聞報道によると、ディズニーランド・パリを運営するユーロディズニーは、二〇〇二年に開園した「ディズニー・スタジオ」の不振が響き、赤字が続いているとされている。

**②ユニバーサル・スタジオ（米）**

ユニバーサル・スタジオ・ハリウッド、アイランド・オブ・アドベンチャーを含むユニバーサル・スタジオは、ケーブルネットワーク会社であるCOMCAST社の子会社（NECユニバーサル）により運営されている。

COMCAST社の財務報告書によれば、二〇一三年度（二〇一三年一月～一二月）のテーマパーク事業の売上高は、二二億三五〇〇万ドル、営業利益は七億四〇〇万ドルである。

なおユニバーサル・スタジオ・ジャパンは、開業にあたり、米国法人ユニバーサル・スタジオ・インク他ユニバーサルグループ各社との間で企画、建設、運営に関するライセンス契約を締結している。

**③ロッテワールド（韓）**

韓国ロッテグループの一員であるロッテワールド社が運営している。

（株）ロッテ（日本）ウェブサイトに記載されている二〇一二年度日韓ロッテグループ業績報告によれば、韓国グループの観光・サービス部門（ホテル事業部も含む）売上高は四二九万五九二五ウォンである。

## 経済産業省経済解析室の「テーマパーク立地の経済効果」

もし日本に新たにテーマパークをつくるとすれば、どのような経済効果が見込まれるのかを考えてみます。

テーマパークのようなレジャー文化施設が建設され常設施設として運営されると、建設までの経済効果、開業後の来園者の施設内での消費、旅行を伴う宿泊や土産の消費による効果が考えられます。さらには雇用や新たに創出される産業への効果も期待できます。

では、ジブリワールド建設までの経済効果はどうでしょうか。大規模テーマパークとして挙げられるのは、東京ディズニーランド（五一万㎡）と東京ディズニーシー

（四九万㎡）を合わせた敷地面積一〇〇万㎡以上です。これに対し、ジブリワールドは、ユニバーサル・スタジオ・ジャパン（五四万㎡）に代表される中規模テーマパーク（五〇万㎡）規模の建設を前提として考えています。

次に述べる経済産業省経済解析室の「テーマパーク立地の経済効果」において示されているように、中規模テーマパークとしての経済効果が期待できます。

## (一) 建設による効果

中規模テーマパークの建設投資約六一〇億円による生産波及効果は、直接間接の合計で一一六七億円の効果が生み出され、生産によって新たにＧＤＰに相当する付加価値額四四八億円の効果が見込まれる。

新たな生産は雇用を生み出すことになり、この投資による雇用への効果は、約五四〇〇人となる。

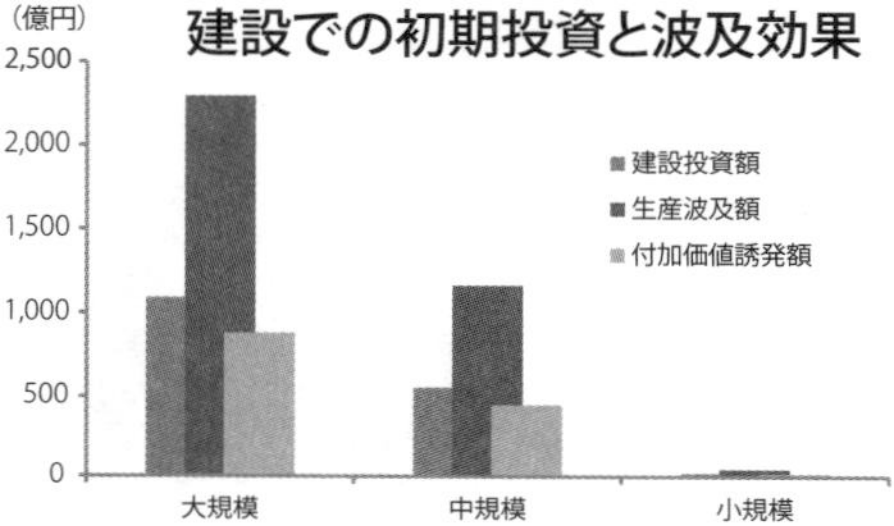
建設での初期投資と波及効果
(億円)
2,500
2,000
1,500
1,000
500
0
建設投資額
生産波及額
付加価値誘発額
大規模
中規模
小規模

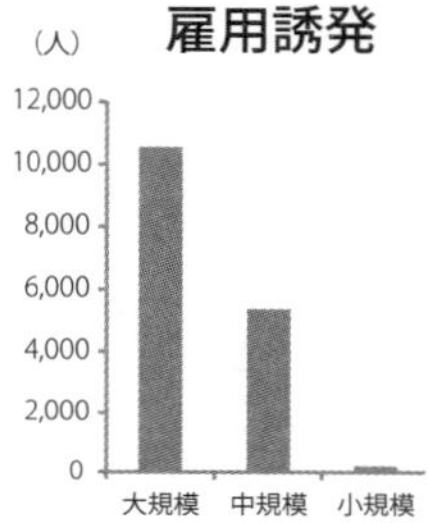
雇用誘発
(人)
12,000
10,000
8,000
6,000
4,000
2,000
0
大規模
中規模
小規模

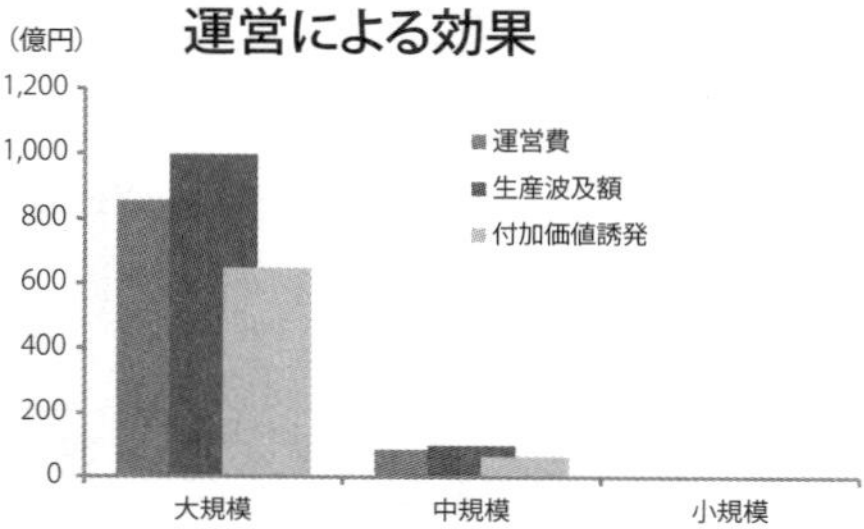
運営による効果
(億円)
1,200
1,000
800
600
400
200
0
運営費
生産波及額
付加価値誘発
大規模
中規模
小規模

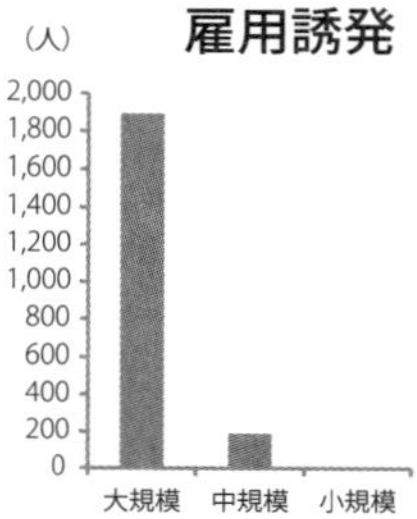
雇用誘発
(人)
2,000
1,800
1,600
1,400
1,200
1,000
800
600
400
200
0
大規模
中規模
小規模

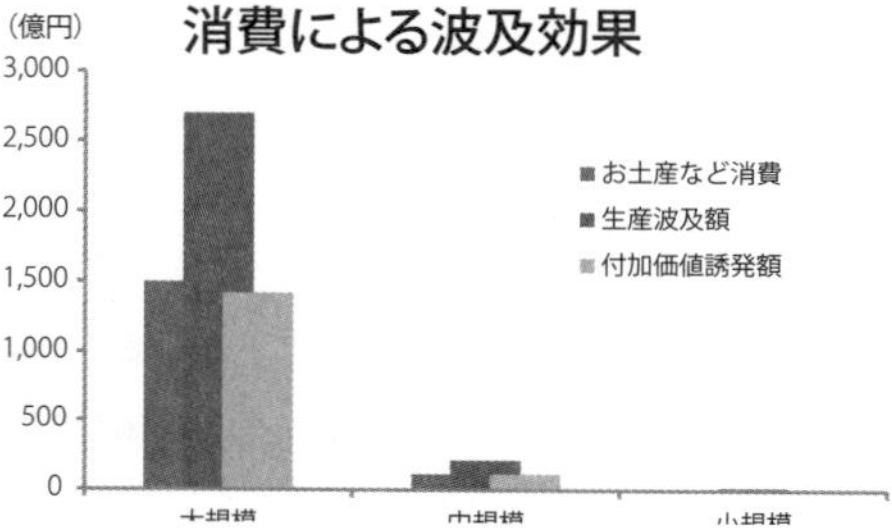
消費による波及効果
(億円)
3,000
2,500
2,000
1,500
1,000
500
0
お土産など消費
生産波及額
付加価値誘発額

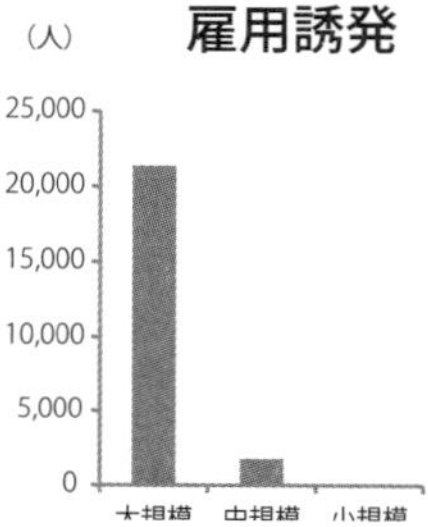
雇用誘発
(人)
25,000
20,000
15,000
10,000
5,000
0

## ㈡ 運営による効果

テーマパークが完成し、その運営による効果を測定してみる。中規模で入園料収入のみの年間売上を六八億円のケースで算出すると、生産波及額は一〇〇億円となる。

初期投資と同様に生産によって生み出される付加価値額は、生産波及により一六億円生み出され、運営による元の付加価値額を加えると六四億円ほど効果がある。

テーマパークの運営による雇用への効果を測定すると、約二〇〇人となる。

## ㈢ 消費による効果

入園者の、テーマパーク内での飲食や土産などの物品購入、宿泊による宿泊施設への支出を加えた消費による効果を計測すると、中規模のテーマパークの入園者の消費額合計は一一二億円程度と見ている。この消費による生産波及額は二一一億円となる。

このように、建設、運営、消費のそれぞれにおいて経済的な効果が期待されます。

## 成功の秘訣は何か⁉

株式会社エイチ・アイ・エスの澤田秀雄取締役会長は、次のように、テーマパークについて分析、言及しています。

「起業してから成功するためには、経営者にとってどんなことが一番大切なのでしょうか。

これに対する私の答えはシンプルです。それは『必ず成功する』という強い気持ちを持ち続けることです。どれだけ自信をもっていたとしても、本当に成功するかどうかはやってみなければわからない面があります。

テーマパーク運営の成功のカギは、①ポリシー　②哲学　です。

テーマパーク成功の四大要素は、①市場が大きい（二〇〇〇万人規模、六～七割が地元集客）②アクセスが良い ③雨が少ない ④良いイベント（感動的であること）と良いキャラクター を挙げることができます。

外国人（特にアジア人）観光客を集客するには、①良いイベント ②日本の文化の発信 ③感動的なイベント を仕掛けていく必要があります。

『ジブリワールド』を成功させるポイントとしては、①場所 ②投資額 ③誰がプロデュースするか によると言っていいでしょう」

こうして考えると、テーマパークを成功させる基本的条件とは、人、物、金、情報、時間、といったビジネスの基本要因と何ら変わりはありません。そして、リピーター率をいかに高められるかが鍵という鉄則もまた真実のようです。

## やはり進化する「生き物」だった！

大和総研の北見雅昭氏によれば、リピート率を高めるには、

**①はっきりしたコンセプト**
**②高水準のサービス**
**③飽きられないための設備投資**
**④立地の良さ**

の四条件

が必要条件で、これらのどれが欠けてもリピート率の確保は難しいといいます。

この点、東京ディズニーリゾートは、

①**米ディズニー直輸入ということでテーマが明確である**
②**高度にマニュアル化された接客マナーがある**
③**三～四年に一度はアトラクションが更新される**
④**大都市・東京に隣接している**

と四条件すべてをクリアしているのです。

東京ディズニーリゾート側も、リピーターの獲得が重要だと認識して、リピーターを呼び込むための季節ごとの切れ目のないイベントの開催や、「ディープなファン」向けの特別な宿泊プランなどを実施し、常に意識的に変化し続けています。

また、開園時には六一だったショップの数も、二〇年間に二倍近い一一四に増やしています。新しいショップ、新しいグッズ、それぞれのアトラクションをモチーフにした「限定品」、などの開発努力が、一人当たりの消費単価の変化にも表れていて、開園当初は入場料を含めて約七〇〇〇円だった単価が一万円に上昇しています。

しかしながら、最大の課題は内容です。どれだけ楽しめるものが用意できるか、ということにかかってくるのは間違いありません。

そこで、私なりに考える「ジブリワールド」の基本構想を発表してみたいと思います。これをベースとして多くの方のご意見がうかがえれば、私としてもたいへんありがたいことです。

# 2章

# 「ジブリワールド」の具体的アイデア

基本構想発表！

## ●「ジブリワールド」のコンセプト

ジブリのコンテンツでテーマパークをつくったと仮定して、その強みは、どんなことが考えられるでしょうか。私は以下の三点だと思っています。

①一人ひとりがそれぞれの物語の「客」ではなく「主人公」になれる
②作品ごとのストーリー性が「自然」「いのち」にしっかりと根ざしている
③その世界に没入することができ、新しい自分が更新される

つまり、ジブリの〝武器〟は「物語の共有」であり「一体化」にあるのです。そうすると、テーマパークのコンセプトは「主体性」「生命実感」「没入感」といった実感になると思われます。ジブリの良質のストーリー（大まかに言えば、どん

な困難な局面でも、あきらめず最善を尽くし、優しい心を持ち続けるという子どもの純粋さ）から、没入感と課題解決を学ぶことは、万人にとって貴重な経験であり、エンターテインメントの枠組みを超えて、必ずや実社会でも役立つでしょう。

## ●アトラクションゾーンの構成

「ジブリワールド」のマインドを人々に提供する時、そのキーワードは二つです。一つは、「自然との共生・自然への畏敬」。そしてもう一つは、「フレンドシップ・いたわり・追憶」です。

現代文明の価値とされているイノベーションやその技術的世界観は、自然に対する人間のコントロールと制御を前提としているため、身体的な感覚と現象の世界との間で引き裂かれてしまうアンビバレンツな感覚が生じてしまうものと思われます。

その対立を和らげる装置としても「ジブリワールド」は活用される価値の高いものになるはずです。

そうしたことを意識しながらアトラクションの構成を考えてみました。大きく五つのゾーンに分けています。

## ●五つのゾーン

1　海辺の風景　　　　　　大海の碧（あお）
2　ヨーロッパの街並　　　街並の橙（あか）
3　異空間の世界　　　　　異空の紫（むらさき）
4　田園と山村（近代日本）　杜の緑（みどり）
5　都会の郊外（現代日本）　思い出の瑠璃（セピア）

そして、これらのゾーンごとに以下のアイテムのディティールにこだわり、〝五大世界〟それぞれの統一感を醸し出していくデザインワークが必要です。

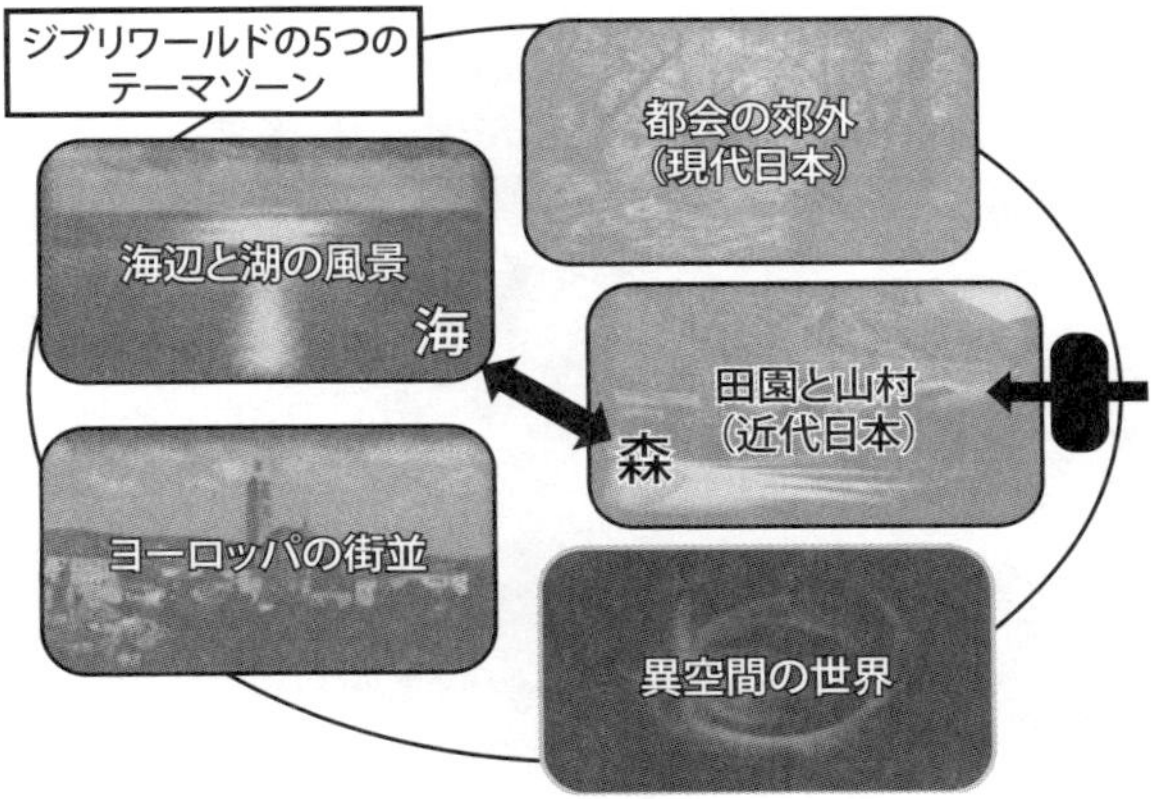


●ゾーン別に特徴を出すアイテム

・アトラクションゾーン全体の基調
・乗り物や建物など構造物の色調・材質・年代感
・壁面、床面の色調やデザイン
・スタッフ（清掃員等も含む）の制服
・看板（案内板）
・チケット、チラシ類
・トイレのデザインと色調
・レストランのインテリアおよびメニュー
・土産物店の空間デザインと取り扱いアイテム、包装紙

なお、ゾーン内の各アトラクションには、そ

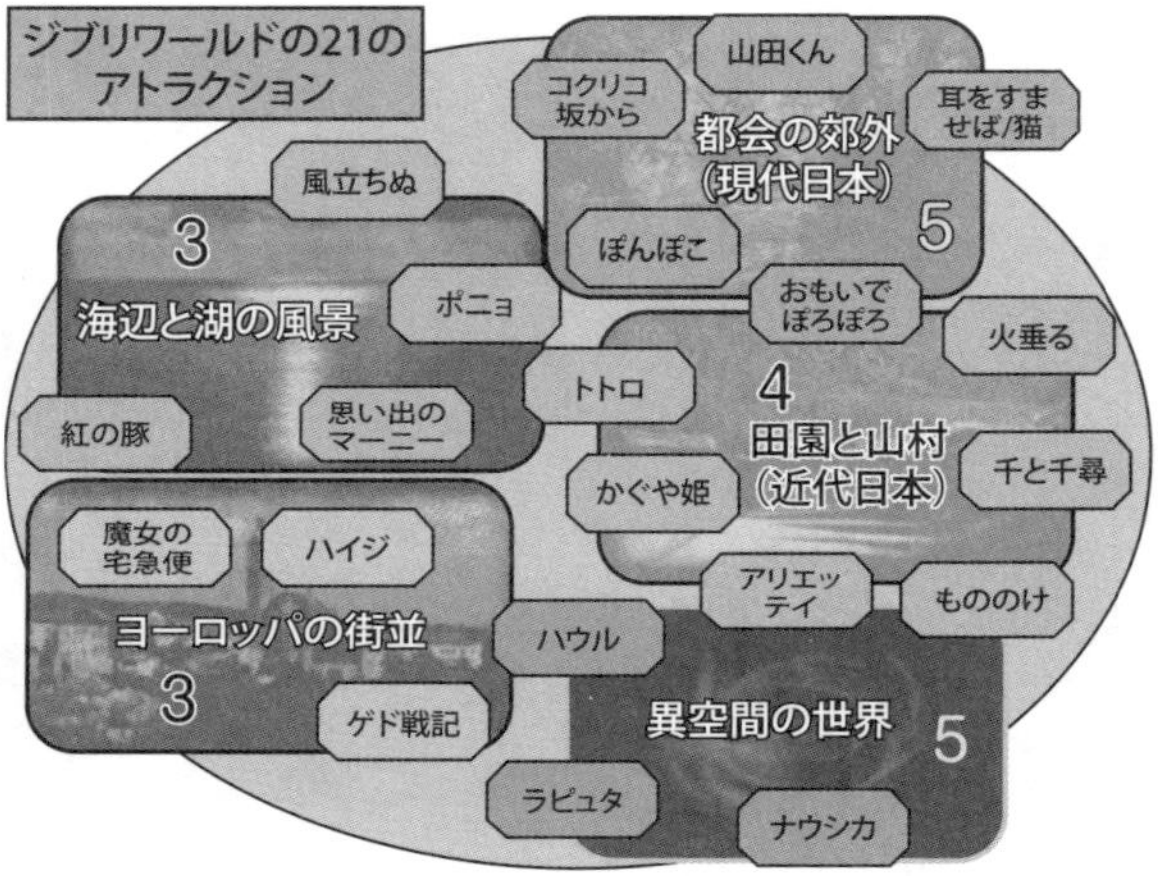


れぞれお土産店、コスプレなどができる写真館、レストランを併設することとする。レストラン以外でのゾーン内の食べ物としては、ゾーンの特色に合わせた共通したフォーマットの食品を提供（ディズニーランドの特色のあるポップコーンのようなもの）。ゾーン内のキャラクター、土産やレストランの品目とも連動させて駆使する。

日本のゾーンであれば、日本の屋台を中心に設置。例えば、いそべやき、焼きトウモロコシ、ポン菓子、団子、おやきのようなものを提供する。海辺であれば、シーフードの屋台（さざえ焼きやパエリアといった軽いメニュー)。ヨーロッパであれば、野外マーケットの移動販売車で提供されているソーセージやシチューのような食材を提供する。

## 成功へ導く四つのポイント

しかし、アトラクションを通して「ジブリワールド」全体として醸成すべき要素をふまえていなければなりません。それが、以下の四つです。

**①ハイテク(技術性)**
**②インタラクティブ(双方向性、主観性)**
**③ストーリー(物語性)**
**④フィジカル(身体性)**

## ①ハイテク(技術性)とは

シミュレーションやヴァーチャル・リアリティといった、人工知能（ＡＩ）技術によって再現された飛行体験などに代表されるような、最先端の技術によるアトラクション機器を導入します。まさに日本の技術力を結集した、高度な技術です。また、タイムマシン開発のように、技術者が夢を持ってイノベーション開発に取り組める要素を持った機器を取り入れます。

さらに今後の日本のイノベーション力アップに貢献できるような、最先端の技術を用いた機器を積極的に活用します。

**②インタラクティブ（双方向性・主観性）とは**

従来のジェットコースターのような、乗っていれば終わるという類のアトラクションではなく、先述のＡＩを用いた双方向型のアトラクションを構築します。コースター類であっても途中で思いがけない生き物が出現して、それにより進路選択を自分自身で決定していくなど、ワクワク感やドキドキ感を体験する要素を組み込みます。

そうした入場者の主人公としての感覚を高めることで、そのアトラクションの持つ物語への参加意識を高めていきます。

## ③ストーリー（物語性）とは

アトラクションの一つ一つに、起承転結がしっかり存在することが満足度を高めます。

例えば、「魔女の宅急便」を使ったアトラクションを考えるとすると、主人公キキの成長過程が再現され、最終的には一人前の魔女になり、その過程をキキになり代わって体験することで、アトラクションを出る時には「宅配＝心からのプレゼントを届ける」に必要な技術や気持ちを身に付けているようになります。

そのように、物語を体験しながら、入場者自身の人間的な成長や新発見にもつながる教育的要素も兼ね備えることで、子どもたちに「大人になっていく感覚」の喜びも味わえるものとします。その姿を親も見ることで、自分自身の子ども時代の感覚が自分の子どもと共有されていくのです。

④フィジカル（身体性）とは

入場者自らが身体を使って体験することを重視。双方向性のアトラクションの特性を生かすことで、「自分」「人間」「現代」といった普段意識しづらいものを客観的に見直すことになります。

例えば「天空の城ラピュタ」を実感できるワイヤーアクションの飛行体験を考えると、入場者のフィジカルな飛行石の持ち方・扱い方によって、吹く風の風量や風向きが変わり、自覚していない身体の使い方をさまざまな風で知らされます。「おもひでぽろぽろ」の有機農業体験や「借りぐらしのアリエッティ」のフィールドアスレチックなど、自然から体験していく場を用意することで身体的解放、ひいては思考的、精神的な開放感ももたらすことができます。

# 作品別のアトラクション

## 1. 風の谷のナウシカ（シミュレータ）

風の谷の再現。ようこそ風の谷へ。

歴史の中で悲劇があり、実は地表は死の世界かもしれないが、地下では生命が脈々と実ってきているというストーリーの中、アトラクションを展開していく。

メーヴェに乗ったナウシカ（プレイヤー）が、暴走した王蟲の群れの中を飛ぶ。王蟲を落ち着かせるために虫笛を振り回しながら、さらに王蟲を腐界に連れ戻すシミュレーションアトラクション。事前に上下左右に虫笛の振り方の指導を受ける。

プレイヤーが三六〇度球面ディスプレイが張り巡らされた個室に入り、メーヴェに乗った瞬間にテトが肩に乗ってくる。同時に王蟲がディスプレイに表示される。

メーヴェは固定されているが、上下左右に細かに高速移動する乗物であるため、飛行体験と実際に吹いてくる心地よい風を感じることができる。

虫笛には加速度センサーが内蔵されており、センサーが虫笛の振り具合を識別してディスプレイ上の王蟲の動きが決まる。上手に振ると王蟲が落ち着き、振り方が下手だと中々落ち着かない。センサーを上手に振って王蟲をなだめ、落ち着くまでのスピードを差別化する。そのためプレイヤーの虫笛の扱い方によって、それぞれが違った結末になる。

風の谷の住民たちの声援、BGMはサラウンドシステムで効果的に流れる。設備は複数台設置し、同時に一〇名程度が五～一〇分ほど体験できるようにする。

木々を愛で
虫と語り
風をまねく島の人……
【すすめ、いとしい風よ】ユパ
【ほら、こわくない】ナウシカ

**1984**
**風の谷のナウシカ　公開　一九八四年三月一一日／監督　宮﨑駿**
**観客動員数　九一万人／配給収入　七億四千万円**

火の七日間と呼ばれる大戦争で、産業文明が滅びてから千年。瘴気を発する菌類がはびこる腐海に征服されようとしている地球——。

海風によって瘴気から守られた辺境の小国・風の谷で、自然と心を通わせる王女ナウシカが民と共に暮らしていた。ある夜、風の谷に大国トルメキアの輸送機が墜落する。その輸送機には、かつて火の七日間で使われ世界を焼き尽くしたといわれる生物兵器、巨人兵の卵が積み込まれていた。そしてナウシカは大国同士の争いに否応なく巻き込まれていく……。
　原作は宮崎駿がアニメージュに連載中だったコミックス。アニメーション作家・宮崎駿の力量を改めてアニメファンに知らしめ、スタジオジブリ設立の礎となった記念碑的作品として、欠かすことの出来ない一本だ。

## 2. 天空のラピュタ

（ワイヤーアクション）

アトラクションに入る前に二人一組になり、飛行石が手渡される。それをシータとパズー（男女のプレイヤー）が共に持ち、浮遊体験をしながら、地下坑道に降りていく。穴は縦長のカプセル状になっており、下からの風とワイヤー（命綱）によって、上から落下してくる二人のプレイヤーの動きをコントロールする。

二人の密接度や手のつなぎ方などの動きによって、風の強弱が変化するようセンサーが感知する。最大の面白さは、ここで無重力体験ができることである。

地下に辿り着くと、おじいさんが待っており、飛行石の鉱脈が広がる地下広場に案内される。

飛行石の鉱脈は大規模なLED照明システムとなっており、青い光のページェントが繰り返される。

最後に地上に出てくると、待っていたロボット兵が花を持って出迎えてくれる。

ある日、少女が空から降ってきた……

【見ろ！　人がゴミのようだ】ムスカ

【あの言葉を教えて。僕も一緒に言う】パズー

【われを救けよ、光よよみがえれ】

**1986**

**天空の城ラピュタ　公開　一九八六年八月二日／監督　宮﨑駿**

**観客動員数　七七万人／配給収入　五億八千万円**

スタジオジブリの第一回作品にして、宮﨑駿監督のオリジナル劇場アニメ。鉱山で働く機械見習い工の少年・バズーは亡き父が見た「天空の城ラピュタ」へと自らが辿り着く日を夢見ていた。そんな彼のもとに、空から落ちてきた、不思議な少女。名前はシータ。ラピュタの王家での末裔で、彼女の持つ〝飛行石〟は、ラピュタの謎を解く鍵だ。シータの正体を知らぬまま、その出会いに

心をときめかすバズー。シータもまた、明るく闊達なバズーに少しずつ心を開いていく。

だが、そんな二人を、ラピュタの秘密を手にせんと企む男、ムスカが襲う。ムスカ率いる軍にシータを連れ去られ、失意のバズーだったが、ラピュタの財宝を狙う盗賊ドーラに、自ら仲間入りを志願、シータを救おうと決意し、ラピュタ目指して旅立つ――。

壮大なスケールと、胸躍る冒険、ロボット兵をはじめとした独特のデザイン、そして爽快なアクション。宮崎アニメの魅力が凝縮された快作。

## 3. となりのトトロ（滑り台シューターとヒーリングスポット）

草壁家を再現する。草壁家の玄関がアトラクションの入り口になっており、入って子どもが「まっくろくろすけでておいで」というと、まっくろくろすけが出てくる仕掛け。

そのまま中に入り庭に出る。となりの深い藪の中に入り、大人も四つん這いになって、迷路のような獣道を探索していると、終点の木の根には穴があいている。その穴の入り口から滑り台シューターで降りていくと、ふわふわのトトロのお腹の上に着地する。するとぐわぁというトトロの声が聞こえ、お腹が上下する。

ここまでは全員共通だが、お腹の上から、スカイフラワーに乗る人と、ネコバスに乗る人とに分かれる。

まず、身長が一一〇cm以下の子どもはネコバスに乗る。

一方は、トトロのお腹の上からスカイフラワーのようなトトロ型の空中ゴンドラで上に飛び上がり、穴を出て夜の地上に出たら、そのまま空中散歩をする。

お腹の上までは大人も子供も楽しめて、その後はスカイフラワーとネコバスの二つに分かれて、ちがうものを体験するアトラクション。

トトロのお腹の快適さを表現するため、快適なパルス対応や呼吸の振動を、人間工学的に解析する。

すぐに終了するアトラクションとせず、数分～数十分滞在して疲れを癒せるアトラクションである。

なお、おばあちゃんが作る野菜料理のお店を併設する。

滑り台シューターとヒーリングスポットで、まず癒しがあって身体を使う。

トトロコーナーだけでふわふわのネコバスを走らせる。

いわゆる幼児対応型のアトラクションである。
このへんないきものは、まだ日本にいるのです。たぶん。

【メイのバカ！】草壁サツキ
【夢だけど、夢じゃなかった！】草壁メイ
【まっくろくろすけ、でておいで】

**1988**
**となりのトトロ　公開　一九八八年四月一六日／監督　宮﨑駿**
**観客動員数　八〇万人／配給収入　五億九千万円**

お父さんに連れられて、町から郊外の一軒家に越してきた小学生のサツキと幼い妹のメイ。自然に囲まれた田舎の暮らしに、あっという間に馴染んでいく二人は、ある日、樹木がうっそうと繁る森の中で、ふしぎな生き物・トトロに出会った――。

宮﨑駿監督が長年アイデアを暖めていた、「あの頃の日本」を舞台にした、不思議で、だけどどこか懐かしい物語。トトロはジブリ作品屈指の人気キャラクターとなり、のちにスタジオジブリのシンボルマークになった。

## 4. 火垂るの墓（ヴァーチャル博物館）

全体を通して戦争の悲惨さを体験するアトラクションで、実際に自分で歩いて見学して回る。節子の思い出館とし、館内は三部構成となっている。

最初の部屋は昭和初期の畳敷きで、ドロップ缶やビー玉といった、当時の子どもの宝物に触れながら、３Ｄで現れる清太や節子と一緒に遊ぶ。

第二の部屋では蛍がたくさん集まっている場面を、ＬＥＤと人感センサーを活用して再現する。

最後の第三の部屋には、焼け野原のジオラマセットの中に節子の墓が出てきて、空中を清太と節子の幽霊が浮遊する。

世界のすいかが食べられるコーナーを併設し、サクマドロップも売っている。


四歳と一四歳で、生きようと思った。

【節子…それ、ドロップやない…おはじきや…】清太
【なんで螢、すぐ死んでしまうん?】節子

1988

火垂るの墓　公開　一九八八年四月一六日／監督　高畑勲
観客動員数　八〇万人
となりのトトロと同時上映

終戦直後の一九四五年、九月二一日に一人の少年が駅の構内で衰弱死していた。少年の所持品は、錆びたドロップ缶ひとつ。中に納められていた幼い妹の遺骨に、気づくものはいなかった……。そして語られる、一四歳の少年・清太と四歳の妹・節子が辿る運命の物語。『ナウシカ』『ラピュタ』で、プロデューサーとして盟友・宮崎駿をバックアップしてきた高畑勲が満を持して放った監督作品。原作は作家・野坂昭如の自伝的小説。時代に翻弄される兄と妹の悲劇が、観る者の胸を深く鋭くえぐる。

## 5. 魔女の宅急便 (フライトシミュレータ)

キキが上手に飛べるようになるまでを追体験するフライトシミュレーションタイプのアトラクションである。

キキの住むコリコの町並みを再現した大掛かりなセットに、大きな時計塔を作る。

ほうき(もしくはデッキブラシ)型のアクロバットロボットに単独で乗船する。腰かけられるので、小さな子供も上手に乗れるほうきである。なおこれはナウシカのアトラクションのように複数台並んでおり、風を感じる空調システムが装備されている。

風の谷のナウシカのように、ジジが肩に乗ってくる。

最初はうまく飛べず、町の人混みの中で交通パニックを引き起こしたり、カラスの大群にいじめられたりする場面が出てくるが、段々上手く飛べるようになってくる。

中盤に森の中のウルスラ嬢のアトリエに墜落し、それが転機となり徐々に上達していく。最後に飛行船の男の子・トンボを助けに行くミッションを達成し、ハッピーエンドとなる。

併設されたグーチョキパン店の店内には、おソノさんの旦那さんが作る焼きたてのパンと、おばあさんへのお届け物のニシンのパイが提供される。

【おちこんだりもしたけれど、私は元気です】キキ
【私は贈り物のフタをあける時みたいにわくわくしてるわ】キキ
【それとってもイイヨ。黒は女を美しく見せるんだから】オソノ
【辛いこともあるけれど。私はこの町が大好きです】

1989 魔女の宅急便　公開　一九八九年七月二九日／監督　宮﨑駿
観客動員数　二六四万人／配給収入　二一億五千万円

原作は角野栄子の人気児童文学。〝魔法〟をモチーフにしながら、少女の成長と自立を瑞々しく描いた作品。一三歳のある満月の夜、魔女の娘キキは相棒の黒猫・ジジと共に、親元を離れ知らない町へと旅立った。独り立ちするためには一年間よその町で修行しなければならないという、魔女のしきたりに従うためだ。

キキが修行の場に選んだのはコリコの町。パン屋のおソノさんに気に入られたキキは、彼女の店の軒先を借り、ほうきで空を飛ぶという唯一の取り柄を活かし、宅急便を開業。そして、人力飛行機を研究する少年・トンボと友達になったりもしながら、新しい生活の中で様々な経験をしていく。成功と挫折を繰り返して成長するキキの姿が、特に女性層の共感を呼んだ本作。
アニメージュでも、本作の女性スタッフにスポットを当てた特集が組まれている。荒井由実の主題歌「ルージュの伝言」と「やさしさに包まれたなら」も、公開時には大きな話題となった。キキの飛行シーンの圧倒的なスピード感、浮遊感も特筆に値する。

## 6. おもひでぽろぽろ

（農業体験とカウンセリング）

山形市高瀬地区・仙山線沿線の農村情景をセットで再現する。農業経験の豊富な地元のインストラクターの指導の下、農業体験をしながら自分の子どもの頃を追体験する。

主人公の岡島タエ子が体験した水耕栽培、ベニバナ摘みや、トシオの実践する有機栽培の実習が受講できる。そして、地場の農産品を使った食事や販売品を多数揃えている。

なお、入場料以外に別途料金が発生し、オフシーズン時は休止となる。

さらに農業体験をしない入場者向けには、タエ子が小学五年生の時代を頻繁に想起するのを追体験するように、過去の自分の記憶を呼び覚ます、催眠法を使ったカウンセリング体験ができる。本家の母屋にはセラピストが常駐している。

おじいちゃんおばあちゃんと一緒に来たときにも楽しめる。

私はワタシと旅に出る。

【あ、カラスがおうちへ帰っていくわ、一羽！】岡島タエ子

【有機農業って？ 勇気の出る農業。勇気の要る農業！】トシオ
【お前とは握手してやんねぇーよっ！】

## 1991 おもひでぽろぽろ 公開 一九九一年七月二〇日／監督 高畑勲
観客動員数 二一六万人／配給収入 一八億七千万円

一九八二年の東京。二七歳のごく平凡なOL・岡島タエ子は、夏休みを利用して、姉の夫の実家である山形県を訪れる。山形へ向かう新幹線の中で彼女は、小学生五年生の頃の記憶へと思いを馳せる。東京生まれ東京育ちのタエ子。小学生の頃は、夏休みに田舎へ帰る友達がうらやましかった。自分も田舎へ行きたいと、駄々をこねたこともあった……。そうして、ぽろぽろとめどなく溢れてくる思い出……。

山形でタエ子を待っていたのは、自然と一体となった農家の暮らしと、農業に勤しむ青年・トシオとの出会いだった。

オカモト蛍・刀根夕子の漫画が原作。

キャラクターの自然な演技や、失われつつある日本の田舎の情緒豊かな風景、タエ子の思い出の中に出てくる昭和四〇年代の情景など、全編にわたって徹底したリアリズムが貫かれている。高畑勲監督作品。宮崎駿はプロデューサーを務める。

## 7. 紅の豚

（飛行機型ジェットコースター）

ポルコの自宅からホテルアドリアーノへ、飛行機で向かう途中の空中戦を再現したジェットコースターである。アドリア海のセットを大きくしっかり再現する。乗客はフィオの設計したピッコロ社製の飛行機に乗船し、まとわりついてくるマンマユート団やアメリカ人カーチスの飛行場の銃撃をかいくぐり、アドリア海の上を走行する。大きな上下動は頻繁にあるが回転は無い。

なお、ホテルアドリアーノは登録会員制のホテルとして運営し、地下のイタリアンバーは一般開放する。バーは、女主人ジーナのような歌手が歌う本格的なイタリアンレストランバーである。船に乗ってもらう。バーは外からでも入れる。本格的なイタリアンレストランバー。ホテルアドリアーノは忠実に再現して大き目につくる。

カッコイイとは、こういうことさ。

【尻の毛まで抜かれてハナ血も出ねえや!!】ポルコ・ロッソ

【飛ばねえ豚はただの豚だ】ポルコ・ロッソ
【徹夜はするな、仕事によくない。美容にもよくない】
【ずるい人。いつもそうするのね】ジーナ

1992

**紅の豚　公開　一九九二年七月一八日／監督　宮﨑駿**
**観客動員数　三〇五万人／配給収入　二八億円**

舞台は大恐慌時代のイタリア・アドリア海。跋扈《ばっこ》する空中海賊を撃退する賞金稼ぎが生業のパイロット、ポルコ・ロッソ。かつては空軍のエースだったが、軍隊に嫌気がさし、自ら魔法をかけて豚の姿になり、軍を去った男。そんなポルコに業を煮やした空賊連合はアメリカ人パイロット・カーチスを雇う。ポルコが勝つか、カーチスが勝つか、飛行艇乗りの意地と名誉を賭けた注目の決闘が始まる！

宮崎駿監督が、『月刊モデルグラフィックス』誌上で連載していた『宮崎駿の雑草ノート』。その中のエピソード「飛行艇時代」を原作とした航空冒険活劇。「カッコイイとは、こういうことさ」の糸井重里によるキャッチコピーや「飛ばない豚は、ただの豚だ」という劇中のポルコのセリフなど、印象的な名フレーズも多数、輩出している。ポルコ役の森山周一郎、ジーナ役の加藤登紀子の豪華キャストも話題を呼んだ。

## 8. 平成狸合戦ぽんぽこ（双方向CGセット）

多摩ニュータウンを再現したセットである。

長老たちの指導の下で、化け学を駆使した「妖怪大作戦」を、正吉やおキヨのような狸になりきって参加者全員で手をつないで行う。狸のコスプレ仮装が可能である。

化け学体験で、鏡と対峙した自分の姿がCG技術により様々な魑魅魍魎に変化していくのを体験する。参加者のチームワーク次第で、登場する妖怪のレベルが変わる。

全員の体温を温度センサーで計測し、各人の体温の分散が小さくなっていると、一体感が醸成されていると機械的に判断される。レベルの最も高い龍を登場させることができると、商品がもらえる仕組みである。

なお、狸の好きな地元のどぶろくを飲ませるお店を併設する。

ゲームセンターのイメージ。

タヌキだってがんばってるんだよォ

【ぼくたちの愛は永遠だ！】正吉
【人間どもは狸だったんだ。奴ら、
狸の風上にも置けない臭い臭い古狸なんだ】

**1994 平成狸合戦ぽんぽこ　公開　一九九四年七月一六日／監督　高畑勲**
**観客動員数　三二五万人／配給収入　二六億三千万円**

自然豊かな多摩丘陵で、のんびりと暮らしていたタヌキたち。だが、そんな平和な毎日が脅かされ始めた。高度経済成長の波にのって、多摩丘陵を切り開き、宅地造成を進める人間。このままでは、自分たちが棲む土地がなくなってしまう――。

危機感を覚えたタヌキたちは、長らく忘れられていた「化学《ばけがく》」を復興し、人間に対抗しようと一致団結。開発を妨害せんとする人間とゲリラ戦を繰り返した末に作戦は、長老たちの発案による「妖怪大作戦」へと展開していくが……。

原作・監督・脚本は高畑勲。タヌキ達の人間に対する必死の抵抗戦をコミカルに描きつつも、高畑監督特有の問題意識も、全編を通して貫かれている。

古今亭志ん朝、野々村真、石田ゆり子、柳家小さん、清川虹子、泉谷しげる、三木のり平といった、豪華でバラエティに富んだキャスト陣の、ユニークな演技も見所だ。

## 9. 耳をすませば

（クレーンアクション）

小金井市が舞台のセットとして、坂の上のアンティークショップ地球屋から見た風景を再現する。なお、地球屋では実際に商品を購入できる店舗として営業する。

入場者は主人公の月島雫になりきり、地球屋から出てスーツを着て傘を持った猫のバロン：フンベルト・フォン・ジッキンゲン男爵と一緒に、クレーン技術を使って空を飛ぶ体験をする。一種のバンジージャンプ体験に近い感覚を味わえる。

参加者は飛びながら、ヴァーチャルにカラスの上を歩いているような感覚を体験。ここではカラスが空中に3D投射される。

なお、地球屋のご主人の作る鍋焼きうどんの店を併設し、これを食べると仕事の夢が叶うというジンクスを広める。


好きなひとができました。

【自分よりずっと頑張ってるやつに
　頑張れなんて言えないもん】月島雫

【人と違う生き方はそれなりにしんどいぞ。
　何がおきても誰のせいにも出来ないからね】月島靖也

1995 耳をすませば　公開　一九九五年七月一五日／監督　近藤喜文
観客動員数　二〇八万人／配給収入　一八億五千万円

長年、ジブリ作品の作画を支えてきた名アニメーター・近藤喜文の初監督作品。柊あおいの漫画が原作で、宮﨑駿が脚本・絵コンテ・制作プロデューサーを務めている。

読書好きの中学三年生、月島雫は、図書館で自分が読もうと思った本を必ず先に借りて読んでいる「天沢聖司」が同級生だと知り、興味を抱いていた。ある日偶然訪れたアンティークショップで雫は店主の西司朗と知り合う。実は西司朗は聖司の祖父で、聖司は店の地下の工房でヴァイオリン作りに打ち込んでいた。ヴァイオリン職人になるためにイタリアに留学することが自分の夢だと聖司に聞かされ、雫は自分自身の〝夢〟について考える……。

進路に悩む思春期の少女の葛藤と成長が繊細な日常芝居と感情描写を通して描かれ、爽やかな感動を呼び起こす。

近藤喜文は本作公開の約三年後の九八年一月二一日、四七歳の若さで急逝。結果的に本作は唯一の監督作となったが、その希有な才能はこのフイルムにもしっかりと刻み込まれている。

## 10. もののけ姫

（高速直線コースター　二人乗り想定）

鬱蒼とした細長い森の中を、山犬と大カモシカのヤックルの二種類の巨大コースターが高速で疾走するアトラクションである。

動物に跨っているかのような規則的な上下振動とあわせて、ひねりを加えた横回転の圧力もかかる。参加者は細長い森の始点と終点の二手に別れ、一方の始点からはもののけ姫・サンが山犬に跨って移動するコースターに搭乗する。その際には仮面を付け3D体験することで、より臨場感をアップさせる。

もう一方の終点からはアシタカがヤックルに跨って移動するコースターに搭乗する。両者のコースターは高速ですれ違い、その際には、サン・アシタカ互いの名セリフ・映像が乗物内の天井に流れる。

【生きろ、そなたは美しい】

【共に生きよう。会いに行くよヤックルに乗って】アシタカ

【アシタカは好きだ。でも、人間を許すことはできない】サン

**1997 もののけ姫　公開　一九九七年七月一二日／監督　宮﨑駿**

**観客動員数　一四二〇万人／興行収入　一九三億円**（興行通信社調べ）

「日本を舞台にしたファンタジーを作りたかった」という宮﨑駿監督が、一九八〇年に描いたイメージボードが原点。

人を寄せつけぬ太古の森がまだ日本のあちこちに残っていた時代の、荒ぶる神々と人間との壮絶な戦いを描いた、一大スペクタルが展開する。

里を守るためにやむを得ずタタリ神を倒し、右腕に死の呪いを受けたアシタカは、呪いを断つ手段をみつけるため、里を去り西の国へ旅立った。

道中、巨大な山犬に襲われた牛飼い達を助けたアシタカの前に現れたのは、山犬の傍らに立ち、鋭い目でアシタカをにらみつける少女――。

それは、幼い頃より山犬に育てられた、〝もののけ姫〟のサン。その美しさに心惹かれるアシタカ。

だが、やがて彼は森を開かんとするエボシ御前率いるタタラ集団と、サンを育んだ森との狭間に立たされる……。

二〇世紀の日本映画歴代興行収入一位。スタジオジブリと宮崎駿監督の名を、日本映画史に決定的に刻み込んだ一作。

## 11. ホーホケキョ となりの山田くん （トリックハウス）

デパートに買い物に来ていて、家族に置いてけぼりにされた山田家の「ののちゃん」の世界を再現する。デパート内のセットは、映画での水彩画のような手描き調に統一され、現実感から離れた、ある種のチープな感覚を味わえる。
なお、デパート内に昔ながらの大食堂を再現する。

家内安全は、世界の願い。

【先週もおととといもカレーやったけど、今日こそ、カレーにしよ！】山田まつ子
【あたしんちは一家四人が迷子になってんだ】山田のの子

1999 ホーホケキョ となりの山田くん　公開　一九九九年七月一七日

監督　高畑勲／観客動員数　一一五万人

朝日新聞朝刊紙上でのいしいひさいちの連載四コマ漫画を、高畑勲監督で長編アニメーション化。原作四コマ漫画エピソードを巧みにつなぎあわせて長編映画を構成。

三世代家族の山田家と、その周囲の人々の日常を、ほのぼのとしたギャグと、そこはかとないペーソスとともに描写し、どこにでもいる〝平凡な家族〟の姿を、ほんのりと浮かび上がらせている。

また、本作はスタジオジブリ初のフルデジタル制作。鉛筆の伸びやかなタッチをそのまま活かした描線と、キャラクターと、背景の淡い水彩画調の彩色によって、独特の手触りの画面を実現。これまでのジブリ作品とは、まったく異なるテイストの映像表現で、アニメーションの本質を問うと同時に、新しい可能性を提示。

あくまでも明るく、あっけらかんとした外見の一方で、ストーリー構成面でも、映像面でも、ラジカルな実験精神に溢れた一本といえる。

## 12. 千と千尋の神隠し

（旅館とセルフレストラン）


大規模な油屋を旅館として再現する。また、テーマパーク全体の入り口として油屋へのアプローチの橋を設計する。

油屋が、温泉を完備したテーマパークのメインの宿泊施設になる。内装は映画の世界観そのままに再現し、湯婆婆の部屋も再現する。

また、油屋の周辺には千の両親が豚になってしまった、誰もいないひっそりとした町を再現し、そこにセルフサービススタイルの、中華料理店等のレストランが並ぶ商店街も再現する。ひっそりとした町のため、店員は極力少なく目立たないようにする。

オフィシャルホテル　油屋とホテルアドリアーノ

ホテルアドリアーノは五つ星の高級ホテル、油屋は庶民的な価格設定。温泉が売り。

トンネルのむこうは、不思議な町でした。

【千尋の元気が出るように、まじないをかけて作ったんだ、お食べ】ハク

【判らんか、あいだ、愛】釜爺

【お父さん、お母さん、きっと助けてあげるから】千尋

**2001 千と千尋の神隠し 公開 二〇〇一年七月二〇日／監督 宮﨑駿**
**観客動員数 二三四〇万人／興行収入 三〇八億円**

ある夏の日。一〇歳の少女・千尋は両親とともに自動車で引っ越し先の町へ向かっていた途中、山道に迷い込む。奇妙なトンネルを抜けると、そこには見知らぬ広大な平原が広がり、さらにその先には、人気のない町があった。町から漂う美味しそうな匂いに誘われた両親が、店先に並べられた料理を勝手に食べると、彼らは何と豚になってしまった！

驚きと恐怖で混乱する千尋を助けたのは、ハクと名乗る謎の少年。ハクは言う「ここで仕事を持たない者は、湯婆婆に動物にされてしまう」。

両親を助けようと決意した千尋は、湯婆婆に頼み込み、八百万の神々が集う

湯屋の「油屋」で、働きはじめることになった……。

「第五二回ベルリン国際映画祭金熊賞」や「第七五回アカデミー長編アニメ賞」など、各国の映画賞を多数受賞し、宮﨑駿とジブリスタジオの名を世界にとどろかせた一作。

困難に立ち向かうことで成長する、千尋の健気な姿が胸を打つ。

## 13. 猫の恩返し

（巨大ラビリンス）

主人公の吉岡ハルが、猫のバロンやムタとともに、猫の王様の国から脱出しようとする際に通った巨大迷路を再現する。猫王の繰り出す邪魔をかいくぐりながらゴールを目指す。正解のルートを遮る壁が時間帯ごとに各所に出現する。

また、猫の国の仮想体験・メイクができるようになっている。
猫の国。それは、自分の国を生きられないやつの行くところ。
猫になっても、いいんじゃないッ?

【はー、私、ここで一体何やってんだろー】吉岡ハル
【風だ、あの光を追え!】バロン
【人がもつ想いや願い……そういうものを
こめて作られたものには、いつしか心がやどる】

2002

# 猫の恩返し　公開　二〇〇二年七月二〇日／監督　森田宏幸

観客動員数　五五〇万人／興行収入　六四億八千万円

「耳をすませば」の作中で、主人公・雫が書いたキャラクターのバロンをモチーフに柊あおいが描き下ろしたコミックス「バロン　猫の男爵」が原作。監督に抜擢されたのは、「ホーホケキョとなりの山田くん」等に原画で参加したアニメーターの森田宏幸。

車に轢かれそうになった猫を助けた、女子高生の吉岡ハル。助けられた猫は、何と日本語でお礼を⁉。その猫は猫の国の王子・ルーンで、ハルは恩返しとして猫の国に招待されることになった……。

## 14. ハウルの動く城（自動操縦とテレポート体験）

多くのファンが、実物大のハウルの動く城を見てみたいと思っているに違いない。そこで、実物大の城をつくり、アトラクションの入口とする。

ハウルの城を内部の部屋の構造のみを再現する。

参加者はソフィーに代わってカルシファーと話しながら、安定的に城を自動操縦していくことがミッションとなる。

さらに、城の扉からテレポート体験が可能で、過去に向かったソフィーが、星の降る夜に秘密の花園でカルシファーと出会う、幼いハウルに出会うことなどができる。

この城が動く。

【待ってて　私きっと行くから。未来で待ってて】ソフィー
【僕はもう十分逃げた。ようやく守らなければならないものができたんだ】ハウル

**2004**
## ハウルの動く城　公開　二〇〇四年一一月二〇日／監督　宮崎駿
観客動員数　一五二二万人／興行収入　一九六億円

宮崎駿監督が原作に選んだのは、D・W・ジョーンズのファンタジー小説。荒地の魔女の呪いで九〇歳の老婆に姿を変えられてしまった少女・ソフィーは、魔法使いハウルの〝動く城〟に掃除婦として住み込むことになった。ハウルは、美人を口説いてはその心臓を喰べてしまうと噂される、美形の魔法使い。でも本当は、気弱で傷つきやすい男。

そんなハウルの世話を焼くうちに、ソフィーはいつしか彼を愛するようになる——。

## 15. ゲド戦記（龍型ジェットコースター）

主人公のアレン王子が龍のテルーに乗って、悪役クモを倒すアトラクションである。参加者はアレンの役割を受け持ち、龍型のジェットコースターに搭乗し、途中各所に現れる魔法使いクモの幻影を打ち破る。テーマパーク中で最も高低差のあるコースターとして設計される。

かつて人と竜はひとつだった。

【命を大切にしない奴なんか大嫌いだ!!】テルー

【終わりが来るのを分かっていても、
それでも生きていかなきゃならないのかな】アレン

**2006**

**ゲド戦記　公開　二〇〇六年七月二九日／監督　宮﨑吾朗**
**観客動員数　五八八万人／興行収入　七六億九千万円**

父王を刺して国を飛び出した若き王子・アレンは、放浪の最中、多島海世界"アースシー"に起こる災いの源を求めて旅していた大賢人ハイタカと出会う。ハイタカに連れられ辿り着いた街でアレンは、顔に火傷の痕を負った少女、テルーと巡り会った……。

**世界三大ファンタジーの一本に数えられるアーシュラ・K・ル=グウィンのファンタジー小説に本作が初監督の宮崎吾朗が挑んだ。**

## 16. 崖の上のポニョ

（水中浮遊体験と水族館）

参加者はポニョがオープニングで乗っていたクラゲ状のカプセルに乗り、水中を浮遊する。

本アトラクションは、海辺に設置されており、巨大な水槽が複数点在する水族館内にて水中浮遊を体験できる。

生まれてきてよかった。

【心配しなくていいよ。僕が守ってあげるからね】宗介
【ポニョ、宗介、スキ】ポニョ

2008 崖の上のポニョ　公開　二〇〇八年七月一九日／監督　宮﨑駿
観客動員数　一二八七万人／興行収入　一五五億円

ポニョは海に住む魚の子。外の世界に興味津々のポニョは、ある日クラゲに乗って家出するが、港の近くでビンに頭がつっかえてしまい、溺れかけたところを人間の子、宗介に助けられる。

自分も人間になって、宗介と暮らそうとするのだが……。

あえて、手描きにこだわることで、アニメの新たな可能性を切り開いた、宮

崎駿監督の意欲作。藤岡藤巻と大橋のぞみが歌う主題歌も日本中を席巻した。

## 17. 借りぐらしのアリエッティ

（テーマ型ホテル、フィールドアスレティック、ドールハウス博物館の複合施設）

アリエッティたち小人の住む空間を再現する。参加者に小人になった感覚を持ってもらうため、室内の装飾品類はそれぞれ、より大きくデフォルメされた物体を設置する。

この空間は、一五部屋程度のテーマ型プチホテルで、自分が小人になった感覚で宿泊体験ができる。また、アリエッティが「借り」を経験したのと同じような体験ができる。

人間の家の中が、屋内全天候型のフィールド・アスレティックになっている体育施設である。
また、ヨーロッパ製のドールハウスの傑作を収集した博物館も併設する。なお、地下がプチホテル、地上が屋内アスレティック、屋上がドールハウス博物館という構成になっている。

人間に見られてはいけない。

【私たち、そう簡単に滅びたりしないわ！】アリエッティ
【怖がらないで】翔
【アリエッティ、君は僕の心臓の一部だ。忘れないよ、ずっと】

2010

借りぐらしのアリエッティ　公開　二〇一〇年七月一七日
監督　米林宏昌／観客動員数　七五〇万人
興行収入　九二億六千万円

人に見られてはいけないという掟の下、人間の家の床下で生活に必要なものを借りながら密かに暮らす小人たちがいた。

だがある日、小人の少女・アリエッティが、心臓の持病のある少年翔に、その姿を見られてしまった。

原作は、一九五二年に出版された、メアリー・ノートンのファンタジー小説「床下の小人たち」。

監督に抜擢された米林宏昌は、そのスマートな感性と確かな映像センスで、ジブリ作品に新風を吹き込んでみせた。

## 18. コクリコ坂から（部活動・新聞部等体験、部員制クラブ）

高校の文化部部室棟「カルチェラタン」を再現する。

参加者は、カルチェラタン内で部活動を体験できる。さらに部の一部は土産物店となっている。メインの部としては、風間俊が部長をつとめる新聞部が上部階にあり、ここで日刊「ジブリワールド」が毎日発行されている。参加者は日刊「ジブリワールド」に掲載する記事のネタ探しを行うべく、普段立ち入りのできない箇所も含め、テーマパーク内各所に取材に出かけ、寄稿することができる。そうしてオリジナル新聞を作ることができる。なお、有料でゴーストライターを頼むこともできる。

また、テーマパーク内でプレミアなサービスを受けるためには、カルチェラタンの部員となることで、パーク内に複数箇所ある部員ラウンジなどを利用することができる。

上を向いて歩こう。

【古くなったから壊すと言うなら、君達の頭こそ打ち砕け！古いものを壊すことは過去の記憶を捨てることと同じじゃないのか？ 人が生きて死んでいった記憶をないがしろにするということじゃないのか？】風間俊

【新しいものばかりに飛びついて、歴史を顧みない君達に未来などあるか！】

2011

## コクリコ坂　公開　二〇一一年七月一六日

企画・脚本　宮﨑駿／監督　宮﨑吾朗

観客動員数　三五五万人／興行収入　四四億六千万円

東京オリンピック開催を目前に控えた年の横浜。父を海で亡くし、仕事を持つ母をたすけて、長女である松崎海は下宿人もふくめ六人の大世帯の面倒を見ている。

海の通う高校では由緒ある建物を取り壊すべきか、保存すべきかで論争が起きていた。そんな事件の中で海と俊は出会い、心を通わせるようになる。

## 19. 風立ちぬ（クラシック飛行機型浮遊体験）

世代を超えて、二郎の夢の中で彼と友情を交わすカプローニが設計した、大型クラシック飛行機へ搭乗する。一〇〇名程度搭乗可能な大型機のため、コースターとしてではなく、歯車式で上下にゆっくり動く古典的な仕掛けとなっている。

なお、二郎と菜穂子が再会し、紙飛行機を通じて愛を確認する場となっている「草軽ホテル」を、例えば軽井沢など、テーマパーク外に再現し、パークとの連動型の展開を行う。

「シベリア」など懐かしいお菓子を食べるレトロな喫茶店を併設。

生きねば。

【創造的人生の持ち時間は一〇年だ。

君の一〇年を力を尽くして生きなさい】

2013

風立ちぬ　公開　二〇一三年七月二〇日
原作・脚本・監督　宮﨑駿
観客動員数　八一〇万人／興行収入　一二〇億二千万円

大正から昭和にかけての日本が舞台。

飛行機が大好きな少年・堀越二郎は、夢の中で航空機メーカーのカプローニ伯爵と出会い、飛行機の設計者を目指していく。

数年後、列車で東京へ向かう途中に関東大震災に遭い、一人の少女、菜穂子と出会う。

大学卒業後就職した会社で二郎は友人でもある同僚・本庄とともに、飛行機、戦闘機の設計を進めていくが、翌年のテスト飛行では失敗。

失意の中、休暇で訪れた軽井沢町で二郎は菜穂子に再会し、恋に落ちる。だが、彼女は結核に蝕まれていた。

菜穂子は遠く離れた療養所にいた。だが、二郎とともに居たいという思いから二郎の元へと向かい、上司の黒川夫妻が仲人になり結婚することとなる。菜穂子の病状は日に日に悪化していったが、お互いを慈しみ合って結婚生活を続け、二郎は、零戦のプロトタイプ製造に成功する。

病状に限界を感じた菜穂子は、手紙を残し、再び療養所へと向かう。

終戦を迎え、自分で手がけた零戦の残骸の山の中で、二郎は亡くなった妻・菜穂子の姿をみる。そして消えた彼女のことを想いながらも、「残された私は、生きねば」と思うのだった。

## 20. かぐや姫の物語（スロートレイン）

かぐや姫が月に帰るまでの道のりを、ゆるやかなスピードで再現したスロートレインとする。お付の従者の行列や月での出迎えの場面など、ファンタスティックな場面を細密に再現し、パビリオン内を周遊する。

姫の犯した罪と罰

【生きてる手応えがあれば、きっと幸せになれた】

2013

かぐや姫の物語　公開　二〇一三年一一月二三日
原案・監督　高畑勲／企画　鈴木敏夫
観客動員数　一八五万人／興行収入　二四億七千万円

今は昔。早春のある日、竹取の翁は光り輝く竹を見つけ、その竹の中からは、かわいらしい女の子が現れた。

翁と媼は「天からの授かりもの」と大切に育てる。半年余りで美しい娘に成長し、かぐや姫と名付けられた。

うわさを聞き付けた男たちが求婚してくるようになる。彼らに無理難題を突き付け次々と振ったかぐや姫は、やがて月を見ては物思いにふけるようになり……。

# 21. 思い出のマーニー

（ＡＩを駆使した３Ｄヴァーチャル）

入り口を入ると
海辺の村がひろがり、そこにはマーニーが住んでいた湿っ地屋敷の映像が
映し出される。
スクリーンの前には鏡があり、その鏡に向かって
３Ｄゴーグルをかけると、高機能のＡＩを駆使したスパコンが
五〇年後のリアルな自分の姿を映し出す。
そして未来の自分が、いまの自分に問いかけます。
「いま、幸せ？」
五〇年後の未来の自分と会話ができる不思議体験型アトラクション。
そこでのお話は「秘密よ、永久に」

2014

思い出のマーニー 公開 二〇一四年七月一九日
原作 ジョーン・G・ロビンソン／脚本 丹羽圭子
監督 米林宏昌／制作 鈴木敏夫／興行収入 三五億三千万円

この世には目に見えない魔法の輪がある。
海辺の村の誰も住んでいない湿っ地屋敷。
心を閉ざした少女・杏奈の前に現れたのは、
青い窓に閉じ込められた金髪の少女・マーニーだった。
「わたしたちのことは秘密よ、永久に」
杏奈の身に次々と起こる不思議な出来事。
時を超えた舞踏会。告白の森。崖の上のサイロの夜。
杏奈は思いがけない〝まるごとの愛〟に包まれていく。

あの入江で、私はあなたを待っている。永遠に――。

あなたのことが大好き。

スタジオジブリ制作・米林宏昌監督により長編アニメーション映画化された。米林監督にとっては二〇一〇年公開の『借りぐらしのアリエッティ』以来、四年ぶりの監督作品。本作品は、第八八回長編アニメ映画賞にノミネートされた。

※以上の各作品について一九九九年までは配給収入、二〇〇〇年からは興行収入の表記となります。

以上、作品別のアトラクションは、全部で二一施設となるが、他にも、例えば、パンダコパンダはメリーゴーランドに、アルプスの少女ハイジは、山小屋を再現して山上コテージとし、スイス料理のレストランを併設するなど、あったらいいなと思うものを極力再現していきたい。

## 見えないものに目を向ける

今やジブリ作品は、世界が認める最高峰のコンテンツです。「風の谷のナウシカ」「天空の城ラピュタ」「となりのトトロ」「紅の豚」「もののけ姫」「千と千尋の神隠し」「崖の上のポニョ」など、主要な代表作の多くは原作であり、作品ごとにストーリーがしっかりと描かれています。

そして登場する豊富なキャラクターも魅力的です。「ハウルの動く城」や「借りぐらしのアリエッティ」や「ゲド戦記」など、原作が他にあるものでも、ジブリのオリジナリティがあふれるキャラクターとして観る人に飛び込んできます。

ジブリ作品の良質さは、どんな子どもにも、大人にも共感できる本質がつまっているということです。困難な局面でも諦めず、最善を尽くし、優しい心を持ち続けるという子どもの純粋さが描かれたり、小さなものやひそかなものに目を向けることで新しい世界へ誘われる不思議さが描かれたり、という人間の無意識の希望や夢にアクセスしてくるのです。

　そこに没入感を味わい、そして自分自身の現実問題の解決を考えるきっかけにつながっていくことは、エンターテインメントの枠組みを超えて、必ずや教育や実生活でも役立つものとなります。

「見えないものに目を向ける」それがジブリ作品の主題のひとつであり、私たち現代人の課題とも重なる部分だと思います。画像だけでなく、作品に取り入れられている音にオノマトペ（擬音語）が多用されているのも、「見えないもの」を五感によって何とか感じ取ってほしいという宮﨑監督の究極の表現方法なのだと思います。

　そんなことも意識することなく、時代性でもなく、文明性でもない、生きていることの本質と出会えたことに私たちの心は揺さぶられているのだとしたら、その「見えないもの」に、体と心が反応していくものを後世にも残していきたいと考えます。

　生きていることを喜べるような、いのち自身が自己組織化していくような、そんな未来への場がつくれたら最高です。

**クールジャパン戦略の核に！**

現在、政府が進める「クールジャパン」戦略の狙いは、アニメ、ドラマ、音楽などのコンテンツや「衣」「食」「住」をはじめ、日本の文化やライフスタイルの魅力を付加価値に変え、新興国などの旺盛な海外需要を獲得し、日本の企業の活躍や雇用創出などの経済成長につなげることです。

このため、海外需要を取り込む段階を三つに分け、それぞれの段階での支援を講じていくことになります。それが、次の三つです。

①日本の魅力を発信することにより、海外において日本ブームを創出する段階
②現地で関連商品、サービスなどを販売する段階
③観光政策などと連携しつつ、日本に関心を持った外国客を、実際に日本に呼

び込むことで消費を促す段階

①の「日本ブームの創出」を考える時に最も大切なことは、「日本らしさ」です。日本らしさとは何でしょうか？　日本にしかないもの。日本のオリジナリティ。

確かにそうなのですが、それが他の文化圏の人々にとって受け入れられないものでは意味がありません。「いいなあ」と思える日本文化とは何か、を追究していかなければなりません。それが他の文化圏の人から見て、違うけれども尊重できるものとして認められた時に、日本は学ぶに値する文化を持っていると思ってもらえるのです。

そして、それが複合的、多層的に展開されることで日本の魅力というものが効果的に発信されていくのだと思います。

もしかすると、それは私たち日本人も初めて味わうような「新しい日本」のお目見えになるかもしれません。それはそれで楽しみなことですし、今後の日本が世界の中で見つけるレゾンデートル（生存領域・存在理由）になるかもしれません。

いずれにしても、世界が日本に対する興味・関心を高める機会を早急に創出していかなければなりません。

そこで考えられるのが、コンテンツの海外展開支援です。他言語への翻訳を行うローカライズに「J-LOP」という助成金を当てるなどの積極的な日本文化のコンテンツ支援が急務です。

また、コ・フェスタ（JAPAN国際コンテンツフェスティバル）やインフルエンサー（消費行動に影響を与える人物）の招聘なども有効です。日本でのイベントの開催、海外への情報発信に官民挙げて取り組んでいく時期がきています。

②の「現地での展開」に必要なのは、現地でのプラットフォームの構築です。そこで、日本のコンテンツ専門チャンネルの確保や商業施設などにおける関連商品の販売を行って、見て、触れて、日本を知る場を創出していくのです。

そのためには、プロデューサーの派遣も必要です。現地企業とのマッチングも生み出していかなければなりません。テストマーケティングを繰り返し、リスクマネーの供給にも対応するなど、柔軟な対応が求められます。

二〇一六年の訪日外国人の旅行消費額は、前年比七・八％増の三兆七四七六億円となり、過去最高となっています。今後とも③の「日本での外国人の消費拡大」を狙うには、観光庁のビジットジャパン事業をはじめとする外国人観光客・ビジネス客の集客PR活動はいうまでもありません。

またMICE(*)を具体化していく取り組みも重要です。日本でのイベント開催のあり方の再検討や、不足しているイベント会場の増設も不可欠です。

SNSで発信する日本紹介を積極的に利用する方法も有効です。口コミの力が政治も経済にも大きな影響力を果たしている実例は誰もが理解していることでしょう。今後とも情報発信の戦略的な取り組みの強化が求められます。

こうしてクールジャパンの展開を考えていきますと、まさに「ジブリワールド」こそがその中核的な牽引役に適していることが分かります。

先に延べた「ジブリワールド」構想を当てはめてみても、日本ブームはジブリブームであり、日本ファンはジブリファン、「GO! JAPAN」は「GO! ジブリ」なのです。

マンガ・アニメは日本のコンテンツが他国を圧倒しています。

だから私は、今こそ訴えたい!

「日本文化の世界発信、そのセンターにジブリを!!」

＊MICEとは、企業等の会議（Meeting）、企業等の行う報奨・研修旅行（インセンティブ旅行）（Incentive Travel）、国際機関・団体、学会等が行う国際会議（Convention）、展示会・見本市、イベント（Exhibition/Event）の頭文字のことであり、多くの集客交流が見込まれるビジネスイベントなどの総称です。

# 3章

# 文化を支援する政治でありたい！

## 未来をつくっていくのは誰か？

私が政治家を志したきっかけは、法律策定の意義を大学時代に感じたことに始まります。

それまで私が主に学んでいたのは、ホッブズ、ロック、ルソーらの社会契約説などを中心とした西洋政治思想でした。

「自由」「平等」「幸福」といった人間にとっての根源的な概念の研究をはじめ、それらが現代の日本にいかに展開されるべきか、といったことを考えていました。

ところが現実の社会は、「衆議院の定数」に民意が大きく影響を受けるなど、法律次第で「自由」「平等」「幸福」の土台が揺らいでしまうのではないか、という問題意識が生まれてきました。

そうした過程を経て、私はローメーカー（立法者）イコール政治家というものに目が向くようになりました。具体的な法律の策定にこそ自分の学んだことを活かしていくべきだと思ったのです。

しかし、大学を出たからと言ってすぐに政治の世界に入れるほど社会を知っているわけではなく、また、法律をつくっていく人間になるためには、人間が何を求め、何を考え、何に幸せを感じるのかという人間学も学ばなければならないと分かってきました。

未来をつくっていくのは誰か？　そう、若者です。これから社会に出ていって、さまざまなかたちで社会に貢献していく若者こそ、足を結びあって二人三脚で歩んでいく仲間だと考えました。彼ら、彼女らとの対話の中で、これから必要な社会のあり方を見出し、大いに議論し合い、互いに磨かれていく時間を持ちたいと思いました。

ですから、私は宮城県議会議員になる前、ある大学で講師をしていた時代があります。今も年に数回講義していますが、何よりも学生との語らいは楽しいものです。

自分が学生だった時には感じられなかった「教育」というものの本質を掴ませてく

れたのは、私の目の前に現れたその学生たちでした。

## 教育とは未来である

例えば、親とはどういうものかというのは、子どもの時には分かりません。結婚し、子どもを授かったその瞬間に親となり、そこからじわじわと未経験の親という世界に入っていくのです。つまり、親にさせてくれるのは子どもです。

それと同様に、教育とは何かという問いを私に授けてくれたのは学生たちでした。その答えは、ひと言で言えば「教育とは未来である」ということでした。

学生たちはそれぞれに自分の夢や目標を持っています。なかには、目標が見つからないと言う学生もいましたが、それも目標を見つけようとしている若者の姿であることには変わりありません。夢や目標に向かっているプロセスの一場面です。

その意味で、彼らに共通して言えることは、「未来をイメージしながら生きている」ということです。介護士になりたい、福祉政策を考えて実行する公務員になりたい、障害者教育に携わりたい、といった希望が生まれてくるのは彼らが未来へ向かって生きているからだという当たり前のことに気付かされた時、彼らの十人十色の夢を実現させたいと願うならば、教育者の役割は彼らが見ようとしているその未来を一緒に見ていなければいけないと思い知らされました。

それまでの私は、「今必要なこと」を教えるのが教師であり教育であると考えていました。でも、言葉では言い得ているように聞こえますが、「今必要なこと」だけでは時間軸のない考えに過ぎないのです。三年後にこういうことを実現したい、そのために今必要なことは何か、と考えなければ人は未来に向かって一歩を踏み出す方向さえ見いだせません。

ということは、今を共に生きていくというのは、未来があることが大前提なのです。未来のない教育など意味がないということを教壇に立つようになって知ったのでした。

そして、教育は未来のためにある、ということが腑に落ちると、次に考えなければばならなくなるのは、その未来のあり方です。このテーマの取り方は、ローメーカーのそれと重なるものがあります。

どんな未来が必要なのか？　と考える時に間違ってはならないのは、今を生きている私から見る未来ではないということです。未来に生きている人の気持ちになってその時代や社会をイメージすることが求められます。

「今の人間が未来の姿なんて分かるわけないじゃないか」という反論があることも予想できます。しかし、占い師のように未来を見ようとするのではなく、どんな未来を願うのか、という発想が今のこの時代を生きている人間には必要です。ですから、「教育は願いである」と言い換えることもできます。

人は、未来があるから願いを持つわけです。明日がやってこないと分かっていたら人間は願いを持つのはむずかしく、簡単に絶望してしまうかもしれません。

## 「みんなで一緒に見る夢はいつか必ず実現する」

面白いもので、私が勉強した社会契約説の三人、ホッブズ、ロック、ルソーらも、人間の捉え方は、まさにそれぞれでした。

ホッブズは、「万人の万人に対する闘争状態」が自然な状態であって、人間の本質は「自己保存の欲求と他人への虚栄心」だと言いました。

ロックは、自由と平等が自然な状態であると見ましたが、それほど強い信念ではありませんでした。人間は「社会的で理性的な存在」だと言っています。

ルソーは、「生まれながらにして」人間は自由で平等であると強く打ち出し、「自己愛と他者へのあわれみ」を人間の本質としました。

このようにそれぞれにそれぞれの言い方になってしまう人間とは、その実態は果たして何なのでしょうか？

私は、こう思うのです。それらの人間の捉え方すべてが真実なのだろうと。

人間は、闘争的で、利己的で、見栄をはるけれど、他者に関心を持つ社会性や理性も併せ持ち、本来的に自由で平等である世界を求める生き物でもあると。

ただ、人間は何を行動の目的にするかによって、闘争的・利己的にもなれば、社会性や理性を発揮する存在にもなるのだと思います。

そうだとすれば、多くの人が共有できるものを人類の目的として掲げる必要があります。

私の大好きなアーティストの一人、ジョン・レノンは言います。

「ひとりで見る夢はただの夢に過ぎない、でも、みんなで一緒に見る夢はいつか必ず実現する」

(A dream you dream alone is only a dream. A dream you dream together is reality)

みんなで見ることのできる夢とは何でしょう？　もしかしたら、私たちはこれまで、その答えを数字や形に表れやすいものに求めていたのかもしれません。

例えば、○○だけ利益を得た、○○パーセント上昇した、○○人が雇用を得た、といった経済的な発展を共通目的にしようとしてきたけれど、もしかしたらそれらは目的ではなく手段だったのかもしれません。

つまり、経済発展を通じて果たすべき目的は他にあるはずなのに、それが明確に言語化、意識化できていなかった。そのために様々な方法が存在してよいはずの手段が目的とすり替わり、手段もまた唯一の価値となっていく中で矮小化され、絶対化され、本質論から乖離した議論の温床となったとは考えられないでしょうか。


**私たちは「見えないもの」でつながり合い、それによって救われている**

いま私たちが明確にしなければならないことは、これからの目的です。

そこで私が提案したいのは、「見えないもの」の成熟をみんなで目指していくことです。そこに目を向ける成熟した社会へ向かっていきたい。

私の考える「見えないもの」とは、ひと言で言えば文化性です。私たちは見えるものしか見えませんし、文明の発展とともに見えるものしか信じられなくなっています。あの縄文時代の人々が持っていたであろう「見えないもの」への畏敬や共有感覚は薄れていると言わざるを得ません。

しかし、私たちは「見えないもの」でつながり合い、それによって救われていることは間違いないことです。

東日本大震災の復興に携わりながら分かってきたことの一つは、肉親を津波で亡くし、それでも明日を生きていこうとする人々の辛い胸の内の奥底にあるのは、目の前には二度と現れてくることはない大切な人の「声」であり「笑顔」であり「感触」であるということです。見えないけれど確実につながっている、見えないけれど目の前に存在する、そういう相互に支え合う生き方が現実にあるのだということを教えられています。

政治に限らず、経済に限らず、見えるものに囚われ始めた時、人は選択を過ります。人の目が自分の内部ではなく外を見るように設計されていることがその過ちを引き起こすのでしょうが、別の考え方をすれば、その目は世界や他者を見てあげることのできるものだとも言うことができます。それぞれの目を「みんなで一緒に支え合う」という行為に使えばよいのです。

## 地球とは、お互いが反応し合って生きている空間

そして、政治にたずさわる者として考えるべきは、そうした「見えないもの」を支えることがこれからの政治の役割なのではないか、ということです。

インターネットの発達によって、時間的、空間的な意味での地球はますます小さくなっています。地球の裏側の出来事も決して遠いことや関係のないこととは思えなくなっています。瞬時に拡散していく情報は、人の意識にも行動にも少なからず影響を与えます。

そのとき、情報が情報のまま伝えられて受け取られていくのではなく、受け取っ

た人それぞれに化学反応が起こります。その化学反応を起こしている見えない装置が文化性だと思いますし、人それぞれの中で化学反応したものが今と未来へ伝えられていくのです。

つまるところ、文明や情報というものは、それぞれの人々の文化性によって新しい展開を生み出していくのだと考えます。中央アジアで奏でられていた音楽が東アジア、朝鮮半島へ伝わり、そして最終的に日本へ伝わって雅楽として千三百年間続いていると聞いたことがありますが、これなども、さまざまな文化性の中で化学反応し融合した音楽が日本的な展開へと昇華されていったものと考えられます。

大きく捉えれば、地球とは、そうした「一から多」への展開が行われていく「場」なのではないでしょうか。お互いが反応し合って生きている空間であり、そうした関係性の中で成り立っているのです。そして、目には見えない、数値にも形にもなっていないものが、それぞれの間に存在しているからこそネットワークされていくことをイメージせずにはいられません。

## 日本や世界の未来のために種を蒔く人

政治の役割はガバナンス（統治）であることは間違いないのですが、もしかしたらこれまでの政治には文化性という見えないものに対する意識がややもすれば希薄で、そのために見えるもののみを現実として認識してきたのかもしれません。もっと手を差し伸べなければならないこと、それが目に見えないもの、まさにジブリ作品が私たちにメッセージしていることそのものなのです。

どれだけ生活が多様化しても、どれほど人や情報の行き来が頻繁になっても、新しい技術が続々と出現しても、人が心の充足感を覚えるのは自分の「良心」の震えを感じる時です。その実感が争いの文化から遠ざかる一歩になるのではないかと私は考えます。

そんな人間の「良心」が「ジブリワールド」に触れた時、それぞれの来場者の文化性の中でどんな化学反応が起こるのか、想像するだけでワクワクしてきます。そして、それが東北の復興と二人三脚で日本の将来像を牽引していくことになれば、これ以上の喜びはありません。

二〇一一年三月一一日のショッキングな映像は、世界中の人々が目の当たりにしました。その「TOUHOKU」が「こんなに変わったの⁉」と思われるくらいの感動的な姿を世界に見てもらいたい。そのためには政治がまず広い視野と深い想像力を持ちながら行動していくべきです。

中国の教育者、晏陽初（ヤン・ヤンチュウ〔Yan Yangchu〕一八九三―一九九〇）の詩「人々の中へ」は次のように言います。

「人々の中へ行き、
人々と共に住み、
人々を愛し、
人々から学びなさい。

人々が知っていることから始め、
人々が持っているものの上に築きなさい。
しかし、本当にすぐれた指導者が仕事をした時は、
その仕事が完成したとき、人々はこう言うでしょう。
我々が、これをやったのだと」

まさに政治の本質を言い当てています。

しかし、「指導者」とは、何も「センセイ」や「えらい人」ではありません。日本や世界の未来のために様々な分野で種を蒔く人のことです。「復興のために汗を流している人」「夢に向かってがんばっている人」でもありますし、「いのちあることのありがたさを実感させてくれること」「感動を与えてくれるもの」「自分の人生の柱になっていること」などに置き換えることもできるでしょう。

東北の人々の中へ、日本中の人々の中へ、世界中の人たちの中へ、私は「ジブ

リ」という文化を携えて入っていきたい。
そして、多くの人がそこにご賛同いただけるなら、これに勝る強い味方はありません。

# エピローグにかえて

## 宮﨑駿監督へのお便り

拝啓　宮　﨑　　駿　様

立春の候　寒さの中にも春の足音が聞こえてくるようになりました。宮﨑駿監督におかれましては、ますますご清祥のこととお慶び申し上げます。

先般は、スタジオジブリ作品の「レッドタートル（ある島の物語）」（マイケル・ビット監督）が、アニメ界のアカデミー賞と呼ばれる第四四回アニー賞において、長編インディペンデント作品賞を受賞され、心よりお祝いを申し上げます。嵐の海で無人島にたどり着き、一匹のカメと出会った男の生涯を描いたもので、私も胸を高鳴らせて観ましたが、ジブリでは初の外国人監督作ですね。本当におめでとうございました。

さて、突然のお便りをお許し下さい。今から約一二年前の二〇〇五年一月に、尾形英夫さんのご紹介で、小金井市にあるスタジオジブリを訪問し、初めて宮崎監督にお会いさせていただいた衆議院議員の秋葉賢也と申します。

覚えてはいらっしゃらないと存じますが、初対面の監督に対して、ジブリの作品群をディズニーランドのようなテーマパークとして展開し、世界中の人々に楽しんでもらい、夢と希望を与えてはいただけませんか？ディズニーランドを凌ぐ『ジブリワールド』を、この日本に、できれば仙台、東北に、是非、つくっていただけませんか？と提案、懇願した者です。その時、一緒に撮って頂いた写真は私の宝物のひとつです。

スタジオジブリの処女作として一九八四年に「風の谷のナウシカ」が公開されて以来、「天空の城ラピュタ」（八六年）、「となりのトトロ」（八八年）、「魔女の宅急便」（八九年）など、ほぼ一～二年ごとに見応えのある素晴らしい劇場用の長編アニメーションを次々に製作、発表されてこられましたね。ＣＧアニメ全盛期の時代に合って、手描きのセルアニメにこだわり、繊細な世界を観客に届けてこられました。豊かな想像力と、文明に対する哲学的な深い洞察が生む世界観は、「子ども向け」というアニメの位置づけを覆しただけでなく、アニメの地位そのものを高めながら、大人にも息をのむような感動と衝撃を与え続けてきました。まぎれもなく私自身が、監督の作品群に魅了され続けてきたひとりであり、ジブリ作品を心底愛する熱狂的なファンそのものなのです。

お会いした当時は、「千と千尋の神隠し」がアカデミー賞長編アニメ賞やベルリン国際映画祭で金熊賞を受賞するなど、宮崎監督は作り手からも「グレートマスター（偉大なる師）」と称され、大いに尊敬を集められており、すでに世界的にも大変高く評価されておりました。前年の二〇〇四年には「ハウルの動く城」が公開され、公開二日間の動員では日本映画歴代最高のオープニングを飾る大ヒットとなり、ベネチア映画祭でオゼッラ賞を受賞されるなど、宮崎監督の名声は国内外ともに不動のものになっていた時期でもあります。

まさに世界を席巻する日本のコンテンツビジネスの旗手として、クールジャパンの象徴のような存在になっていらっしゃった監督に対して、あまりにも唐突で非礼な申し出であったかもしれません。しかしながら、現在でも『ジブリワールド』があれば素晴らしいな、『ジブリワールド』で遊んでみたい、世界中の人たちに楽しんでほしいという純粋な思いは変わりありません。

かつてウォルト・ディズニーが、アニメーションに新たな価値を持たせて、誰もが楽しめる夢の国といわれるディズニーランドを開設したのは、一九五五年、ちょうど今の私と同じ五四歳の時でした。ディズニーランドは「永遠に完成することはない」と言われるように、常に進化、変化を遂げながら実に六〇年以上の長きにわたって、世界一のテーマパークとして、世界中の人々に支持され、愛されてきたことは本当に凄いことであり驚愕に値します。そして、もし『ジブリワールド』構想が実現すれば、必ずディズニーを凌駕するだろうという私の確信も不変です。

私は、宮﨑監督が「僕の長編アニメの時代は終わった」と言って、二〇一三年九月に加齢による体力の衰えを理由に、引退会見された時の言葉を忘れてはおりません。

「あと一〇年は仕事をしたいと考えています」

「長編アニメーションではなくとも、やってみたいことや試したいことがいろいろあります」

「子どもたちに、この世は生きるに値するんだと伝えるのが仕事の根幹だった」

あれから三年、昨年一一月に放送されたNHKスペシャル「終わらない人　宮﨑駿」を拝見しました。引退を表明された翌年には、スタジオジブリの製作部門の休止も報じられておりましたので、何かと不安に思っておりましたが、久しぶりに監督のお元気な姿に接して心から安堵致しました。

番組では、CGを駆使したジブリ美術館向けの短編アニメ「毛虫のボロ」の製作の様子や、プロデューサーの鈴木敏夫さんに、長編企画覚書を出されるなど意欲的な活動を頼もしく拝見しておりましたが、私自身は、できれば「風の谷のナウシカ」の続編ないしは総集編をつくっていただけないものかと思いながら番組を観ておりました。コミック版「ナウシカ」は、映画公開後も一〇年にわたって描き続けられ、全七巻という超大作になりました。監督が大事にされてきた主題の原点は、すべてこの作品に凝縮されていると思うからです。

監督が約束された一〇年まで、あと六年。新作の長編アニメがまた観られることを期待すると同時に、アニメだけではなく、テーマパークとしての『ジブリワールド』構想に対して、その可能性や実現性について、真摯にご検討いただけないでしょうか。監督の「試したいこと」のひとつに『ジブリワールド』を加えてほしいのです。

今般、私は「ジブリワールド構想」について書き下ろし、自らの考えを問うことによって、世論を喚起し、賛同者の輪を広げたいと思いまして、本書を出版することに致しました。一番最初に宮崎監督にご高覧賜りたく本書を謹呈させて頂きます。

『ジブリワールド』に集う人たちは単なる「ゲスト」ではなく、作品群の「主人公」そのものであり、体験型アトラクションを中心にして、宮崎ワールドを思う存分に体感してもらいたいと念じています。世界中の子どもたちを、大人も含めて笑顔にしたいのです。今、ふたたび、『ジブリワールド』の創設を心からお願いし筆を置かせていただきます。

末筆になりますが、おりしも今年は、国産アニメーション第一号が誕生してからちょうど百周年の節目の年に当たります。海外の動画を模倣した黎明期から、独自の表現を追求した戦前戦後、テレビのブームを経て、今や世界に誇れる日本を代表する文化に成長致しました。いつもその牽引役の中心にいらっしゃった宮崎監督のますますのご健勝を衷心よりお祈り申し上げます。

敬白

二〇一七年二月二三日

秋葉賢也

〈Special thanks〉

・関口訓央
・高嶋佳恵
・経済産業省「ジブリワールド構想」推進 若手有志メンバー
・デザイン 桜井順一

〈参考文献〉


『風の帰る場所』宮﨑駿／文藝春秋
『出発点』宮﨑駿／スタジオジブリ
『宮﨑駿の世界』青土社
『あの旗を撃て！』アニメージュ血風録／尾形英夫／オークラ出版
『ディズニーリゾートの経済学』粟田房穂／東洋経済新報社


〈出典〉


一般社団法人日本映画製作者連盟

秋葉賢也（あきば　けんや）

衆議院議員。

元厚生労働副大臣。

昭和37年、宮城県生まれ。中央大学法学部卒業、東北大学大学院博士課程前期修了（法学修士）。松下政経塾卒塾後、東北福祉大学講師、宮城県議会議員をへて、衆議院議員に（5期目）。

厚生労働副大臣、復興副大臣、総務大臣政務官、東日本大震災復興特別委員長などを歴任。

現在、災害対策特別委員長、東北医科薬科大学講師。

著書に「健康寿命　60のヒント」（東京書籍）、

「厚生労働省　改造論」（イーストプレス）、

「松下幸之助『最後の言葉』」（角川マーケティング）

など、多数。

「ジブリワールド」構想

著　者　秋　葉　賢　也
発行者　真　船　美　保　子
発行所　KKロングセラーズ
〒169-0075　東京都新宿区高田馬場2-1-2
電　話 03-3204-5161(代)

印刷　太陽印刷　　製本　難波製本



ISBN978-4-8454-5017-6
Printed In Japan 2017